**주식 단타로
매일매일 벌어봤어?**

주식 단타로 매일매일 벌어봤어?

지은이 양선호
펴낸이 임상진
펴낸곳 (주)넥서스

초판 1쇄 발행 2022년 3월 4일
초판 10쇄 발행 2023년 11월 20일

출판신고 1992년 4월 3일 제311-2002-2호
주소 10880 경기도 파주시 지목로 5 (신촌동)
전화 (02)330-5500 팩스 (02)330-5555

ISBN 979-11-6683-211-6 03320

가격은 뒤표지에 있습니다.
잘못 만들어진 책은 구입처에서 바꾸어 드립니다.

www.nexusbook.com

주린이를 위한 실전 단타 입문서

주식 단타로
매일매일
벌어봤어?

• 양선호 지음 •

넥서스

1. 단타 전문 서적

저는 투자하지 않습니다. 저는 트레이딩을 합니다. 단기 트레이딩에 대해 굉장히 많은 시간과 노력을 투자하며 공부하고 연구했습니다. 이 책에는 제가 13년간 주식 투자와 단기 트레이딩을 하면서 직접 체득한 내용들을 담았습니다.

2. 수백 명이 실시간으로 동시에 매수·매도해 수익 발생

주식 관련 서적들의 저자들은 본인 혼자만 수익을 거둔 경우가 대부분입니다. 이와 달리, 저는 2021년 6월부터 6개월간 한국경제TV의 와우넷 회원님들께 실시간으로 주식 단타 신호를 제공했습니다. 수백 명의 회원님들은 제가 드리는 동일한 매수가격과 매도가격으로 실시간으로 동시에 주식을 사고팔았습니다. 회원님들은 거의 매일 수익을 냈으며 매월 계좌의 잔고가 증가했습니다.

3. 검증된 실력

주식시장에서는 수익이 곧 실력입니다. 2021년의 주식시장은 2020년도의 대세 상승장과는 정반대로 매우 어렵고 까다로운 상

황이었습니다. 그럼에도 불구하고 제 회원님들은 매일매일 꾸준히 수익을 냈으며 매월 계좌가 우상향했습니다. 이는 모의 투자 프로그램을 통해 객관적인 증명이 가능합니다. 수익률과 수익금은 다음 장에서 공개했습니다. 이것은 단순한 종목 추천을 넘어서, 고난이도의 단타 테크닉, 계좌 운용, 마인드 그리고 리딩 실력이 뒷받침돼야만 가능한 일입니다.

4. 주식시장에서 다양한 경험을 한 저자

저는 대학에서 경제학과 경영학을 전공했고, 증권사에 공채로 입사해서 증권사 PB로 10년간 근무했습니다. 퇴사 이후에는 국내 최상위 증권정보업체에서 투자 분석 팀장, 애널리스트, 유튜버를 담당했으며, 그 외에도 전업 투자자, 경제방송 출연, 한국경제TV 와우넷 파트너 등 주식시장과 관련된 다양한 경험을 했습니다. 주식시장에서 저처럼 독특한 이력의 소유자는 매우 드물다고 생각합니다. 13년 동안 주식시장에서 다양한 역할을 수행하는 과정에서 체득한 많은 노하우들을 이 책을 통해 여러분들께 전해드립니다.

■ 한국경제TV 와우넷에서 6개월간의 주식 리딩 결과

저는 국내 1위의 경제방송TV라고 할 수 있는 한국경제TV 와우넷에서 2021년 6월 2일부터 6개월간 파트너로 활동했습니다. 이때 한국경제TV에서 제공하는 HINT(힌트)라는 모의 투자 프로그램을 사용했습니다. 제가 이 모의 투자 프로그램으로 매수매도를 하면 주문 내역이 회원님들께 실시간으로 문자 전송되며, 회원님들은 이 문자를 보고 매매를 하는 방식입니다.

최초에 모의 투자 원금은 1억 원이 지급됐으나, 한 종목당 매수 한도가 2천만 원이라는 설정이 있습니다. 이는 저의 계좌 운용 방식과는 맞지 않아서, 저는 원금을 3천만 원이라고 가정하고 운용했습니다. 모든 매수는 단타 기법만 활용했습니다.

이 모의 투자 계좌의 자산은 이 글을 쓰고 있는 2021년 11월 30일 종가 기준으로 최종 1억 1,400만 원을 달성했습니다. 6개월간 계좌 잔고는 큰 등락 없이 꾸준히 우상향하며 안정적인 흐름을 보여줬습니다.

회원님들은 자금 운용의 제한이 없기 때문에 실제로는 저보다 훨씬 더 큰 금액과 비중으로 매수를 하셨습니다. 저는 회원님들에게 제가 드리는 비중의 2배, 3배로 매수하시라고 항상 말씀드렸습니다. 그래서 회원님들의 실제 수익금과 수익률은 저보다 훨씬 더 높습니다.

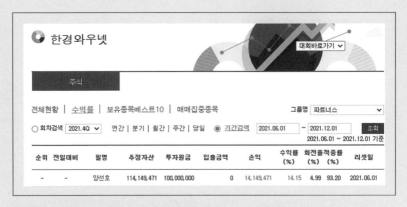

[그림 1] 한국경제TV 모의 투자 프로그램(HINT) 운용 결과 – 2021.11.30. 종가 기준

[그림 2] 같은 기간 코스피와 코스닥 일봉 차트

사실 제가 달성한 수익은 주식 고수분들에 비하면 매우 높은 수익률은 아닙니다. 하지만

1) 매우 어려웠던 2021년의 주식시장에서
2) 저 혼자 트레이딩을 한 것이 아니라 수백 명이
3) 실시간으로 동시에
4) 동일한 가격으로 매수매도를 하면서
5) 단타를 통해

거둔 수익률이라는 점에서 의미가 남다르다는 점을 강조하고 싶습니다.

수백 명의 회원님들을 동시에 리딩해야 되는 점과 주식 경험이 적은 초보자분들이 많은 점을 감안해 매우 안전하고 보수적으로 운용했습니다. 그렇기 때문에 6개월간 약 100종목 이상을 매매하면서도 제대로 된 손절은 3번뿐입니다. 적중률은 93%를 기록했습니다. 회원님들은 단타를 하면서도 마음이 편하다는 말씀을 자주 하셨습니다.

덧붙이자면, 다른 전문가들은 매수가와 매도가에 가격이 도달만 해도 체결된 것으로 인정하지만, 저는 해당 호가의 물량이 다 없어

져야 비로소 체결된 것으로 간주했습니다.

 6개월간 함께해주신 '개국공신' 회원님들께 이 자리를 빌려서 진심으로 감사의 말씀을 드립니다. 여러분들을 평생 잊지 못할 겁니다.

"80% 이하의 승률은 기법으로 인정하지 않는다."

2020년의 코로나 바이러스는 전 세계에 엄청난 충격과 변화를 가져왔다. 봉쇄, 격리, 거리두기, 마스크, 재택근무, 백신, 치료제 등. 우리의 생활을 180도 바꿔놓았다고 해도 과언이 아니었다. 그리고 이 변화는 주식시장에도 불어 닥쳤다. 그 주역은 사상 유례없는 유동성 장세를 만든 동학개미들이었다.

돈의 힘으로 상승시킨 시장에서는 우리가 농담 삼아 얘기하듯이 아무 주식이나 사도 돈을 벌 수 있었다. 이것은 시장이 만들어준 실력이었는데, 본인의 실력이라고 착각하기 쉬웠다. 하지만 유동성의 힘이 소멸되기 시작하면 진짜 실력이 드러날 수밖에 없다.

여기에 더해 한국의 주식시장은 빠르게 변하고 있다. 시장이 예전과 다르다는 말이 저절로 나올 정도다. 테마 내 순환매의 속도도 하루하루가 다르며 주가의 흐름도 점점 더 예측하기 어려워지고 있다. 강대국들의 패권 다툼이 끊임없이 발생하는 세계정세는 변동성을 더욱 키우고 있다.

이처럼 점점 더 험난해지는 주식시장 속에서 '과연 주식으로 돈을 벌 수 있을까?'라는 의문을 갖는 사람들이 많아졌고, 답을 구하지 못한 사람들은 시장을 떠나고 있다. 하지만, 지난 13년 동안 다양한 상황과 위치에서 주식시장을 경험한 결과, "충분히 가능하다"고 말해주고 싶다.

나는 2021년을 기준으로 주식시장을 13년째 겪어오고 있다. 하지만 재미있는 사실은 나, 양선호라는 사람은 '투자하지 않는다'는 것이다. 투자를 하는 주식시장에서 일하는 사람이 투자를 안 한다는 것은 아이러니한 말이다. 그렇다. 나는 투자하지 않는다. 대신 트레이딩을 한다. 이것이 전쟁터로 비유될 정도로 힘든 주식시장에서 살아남을 수 있었고 큰돈도 벌 수 있었던 비법이자 비결이다.

증권회사 입사 초기, 나도 주식으로 돈을 많이 벌고 싶었다. 주식으로 경제적 자유를 얻어서 즐거운 삶을 누리고 싶었다. 하지만 머지않아 기존의 투자 방식에 한계를 느꼈다. 외국인·기관의 투자 방식은 내가 흉내 내기에 너무 어려웠다. 또한 증권회사 직원으로서, 그리고 개인 투자자로서 나의 환경 자체가 그런 방식과는 안 맞았다. 그들과의 결정적인 차이는 그들은 남의 돈으로 투자를 하고 나는 내 돈으로 투자를 한다는 것이었다.

그래서 단기 트레이딩을 선택했다. 그리고 그 누구보다도 더 열심히 공부했다. "나는 주식에 미친 사람이야"라고 스스로 말하고 다녔다. 이렇게 열심히 공부하는데 주식으로 성공 못 할 리가 없다는 말을 주위에서 들을 정도였다. 주식에 내 인생을 걸었었다. 이것은 물론 지금도 마찬가지다.

당연하지만, 처음부터 잘된 것은 아니었다. 나 역시도 '단타로 돈을 번다는 게 과연 가능한 걸까?'라는 의문이 들 때도 있었고 포기하고 싶을 때도 있었다.

나는 "노력은 배반하지 않는다"는 말을 좋아한다. 그 덕분인지 지금은 안정된 단타 트레이더가 됐다. 2021년에는 국내 1위의 경제방송 채널인 한국경제TV에서 와우넷 파트너로 활동하면서 수백 명의 회원을 대상으로 주식 리딩을 했는데, 단타를 하면서도 거의 매일 수익이 발생했으며 이를 바탕으로 매월 회원님들의 계좌가 우상향했다. 이는 모의 투자 프로그램을 통해 객관적으로 증명됐다.

'주식시장이 안 열리는 주말이 싫다', '너무나도 마음 편하게 주식하고 있다', 나를 믿고 '전업 투자자를 하겠다'거나 '은퇴계획을 세웠다', '빌딩을 살 수 있다는 희망을 갖게 됐다'는 이야기 등을 회원님들로부터 들을 때마다 너무나도 뿌듯하다.

"월 천은 누구나 할 수 있다"

동학개미들도 연속되는 횡보·약세장에 심리적으로 지치면서 단타·데이트레이딩에 큰 관심을 보이고 있다. 주식을 보유함으로써 생기는 위험을 단기 매매를 통해 최소화할 수 있으며, 적은 원금이지만 매일 수익을 누적시킴으로써 큰 수익금을 만들 수 있다는 것을 깨달았기 때문이다.

단타 고수들이 하나같이 입을 모아서 하는 얘기가 있다. 노력하면 월 천은 누구나 할 수 있고, 거기서 조금만 더 노력하면 월 3천까지는 누구나 충분히 가능하다는 것이다. '월 천'이라는 말은 한 달에 1천만 원을 순수익으로 가져간다는 얘기다. 사실 한 달에 천만 원의 순수익은 절대 적은 금액이 아니다. 연봉 1억 원의 직장인이 세후로 약 7천만 원을 가져간다고 했을 때, 월 천은 세후로 대략 연봉 1억 7천만 원인 것과 같다. 그래서 최근에 많은 분야에서 월 천을 경제적 자유의 시작점으로 인식하기 시작했으며, 재테크 분야에서도 '월 천'이라는 단어가 핫키워드로 자리 잡을 정도다.

월 5천 이상부터는 조금 힘들 수 있다. 큰 수익을 내기 위해서는 그만큼 베팅 금액도 커져야 하는데, 이 과정에서 마인드가 흔들리면서 무너지는 경우가 많다. 하지만 이 시기를 잘 극복하고 앞으로 나아가면 월억이 기다리고 있다. 한 달 순수익이 수억 원에 달하는 억대 트레이더로 성장할 수도 있다.

단타로 주식 투자에서 성공하기 위해서는 네 가지가 필요하다. 첫째는 트레이딩 테크닉이고, 둘째는 이 테크닉을 구사하기 위한 투자금이며 세 번째와 네 번째는 테크닉을 구사하는 동안의 마인드와 계좌 운용이다. 초보자일수록 첫 번째의 테크닉이 가장 필요하며 고수로 올라갈수록 계좌 운용과 마인드가 더 요구된다. 아무런 근거 없는 막연한 느낌에 의한 투자, 비중 조절 없는 무조건적인 몰빵, 위험 관리 없는 계좌 운용 등은 실패로 이어질 수밖에 없다. 특히 단기 트레이딩으로 성공하기 위해서는 자신만의 투자 철학과 원칙이 배어 있는 필살기가 반드시 있어야 한다.

유튜버 신사임당이 말했다.

"지금이 단군 이래 돈 벌기 가장 좋은 시대다."

나도 절대적으로 동감한다. 내가 증권사 신입사원 시절만 해도 주식을 공부할 수 있는 자료라고는 고작 주식 관련 책이나 경제방송뿐이었다. 혼자 알아서 공부와 연구를 병행해야만 했다. 하지만 지금은 공부 자료들이 넘쳐나서 불과 2, 3년 만에 고수로 성장하는 사례가 점점 많아지고 있다.

주식 투자, 특히 단기 트레이딩으로 성공하고 싶어 하는 사람들에게 평소 해주던 이야기들을 모아서 이 책을 출판하게 됐다. 여기에는 증권사 PB, 카톡 리딩, 방송 리딩, 주식 유튜버, 전업 투자자, 경제 방송 출연 등 주식과 관련된 다양한 경험을 13년간 거치면서 축적된 나만의 노하우들을 정리했다. 초보자들은 단타의 기초 지식을 쌓을 수 있도록 그리고 중급자들은 한 단계 업그레이드할 수 있도록 내용을 구성했다. 이 책을 통해 여러분들의 트레이딩과 주식 투자 그리고 자산 축적에 조금이라도 도움이 되길 바란다.

양선호

*필자가 주로 사용하는 키움증권 HTS를 이용해 설명했다.

차례

3장 단타 고수들의 트레이딩 테크닉

4장　단타에 유용한 팁

5장 단타 고수가 되기 위한 마인드 컨트롤

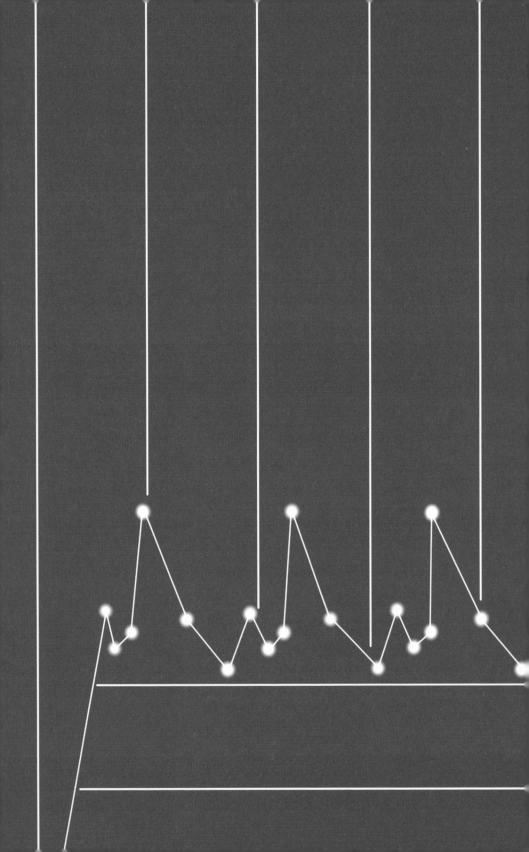

1장

나는 왜 단타를 하는가

주린이를 위한 실전 단타 입문서

1

나는 왜 단타를 하는가

　나는 단타만 하는 사람이다. 장기 투자는 하지 않는다. 방송을 하든 세미나를 하든 "저는 투자하지 않습니다. 저는 트레이딩(매매)을 합니다"라고 명확하게 말한다.

　여기에서는 내가 왜 단기 투자를 하는지에 대해 이야기할 것이다. 한 가지를 우선 분명하게 하고 싶다. 내가 단타를 한다고 해서 장기 투자를 무시하거나 비하하는 것은 절대 아니다. 장기 투자는 엄청난 장점을 가진 훌륭한 투자 방법 중 하나다. 좋은 방법이 있다면 나도 배우고 싶다. 다만, 현재로써 나는 안 한다는 것뿐이다.

　장기 투자와 단기 투자를 두고 뭐가 더 우월한지에 대해 불필요한 논쟁을 할 생각은 눈곱만큼도 없다. 장기 투자와 단기 투자는 더좋고 더 나쁘다는 식의 우월의 문제가 아니다. 흑백논리로 접근할 필요가 없다. 개인마다의 투자 성향의 차이고 환경의 차이다. 답이 없는 문제를 두고 에너지 낭비와 시간 낭비하지 말자.

가장 중요한 것은 이 투자법들 중에서 본인에게 적합한 투자법을 선택하고 발전시켜 앞으로 직진하는 것이다. 단기 투자와 장기 투자는 성격이 매우 다르다. 시간이 별로 없거나 느긋한 성격을 가진 사람에게는 단기 투자가 안 맞을 수 있다. 반면에 성격이 급하고 매일같이 주식창을 볼 수 있는 사람에게는 장기 투자가 안 맞을 수도 있다. 장기 투자는 오랜 시간을 인내해야 하는데, 주가를 자주 확인하면 그 시간을 버티기가 어려워지기 때문이다. 조금만 주가가 하락해도 기분이 안 좋아지고, 조금만 수익이 나도 팔아서 수익을 확보하고 싶어진다. 그래서 단타와 장기 투자를 병행하는 경우에는, 아예 단타 계좌와 장기 투자 계좌를 분리하는 것이 낫다.

서로를 존중해주자는 말로 이 부분을 마무리하며 계속 이야기를 이어가겠다.

나는 왜 단타를 하는가

증권회사 입사 이후에 주식 투자를 처음 접하게 됐다. 증권회사 직원들은 대부분 중대형주들 위주로 중장기 투자를 한다. 나도 자연스럽게 선배들을 따라 이런 매매를 시작했다. 하지만 어느 순간부터 의문이 들었다.

'과연 이 주식이 오를까?'

물론 매수할 때는 나름대로의 이유와 근거가 있었다. 그 근거도 나 혼자만의 생각이 아닌 증권사 애널리스트들이 작성한 보고서가 바탕이었다. 앞으로의 성장성이 기대돼 목표 주가도 상향되는 좋은 회사들이었다.

하지만 내가 산 주식은 하락했다. 일부 오른 주식도 있었지만 하락한 주식의 수가 더 많았다. 하락한 이유는 더 어이없었다. 미국 시장이 하락해서, 아니면 우리 시장 분위기가 안 좋아서였다. 그리고 그 좋다는 주식을 기관이나 외국인이 팔기 시작한다.

증권사 애널리스트들의 목표 주가는 보통 6개월이다. 6개월 뒤의 예상 주가를 의미한다. 하지만 6개월이 지나도 목표 주가에 도달한 경우는 거의 없었다. 본전만 돼도 다행이었다. 이런 과정을 몇 번 거치고 나니 현재 내가 하고 있는 투자 방식에 의문을 가질 수밖에 없었다. 뭔가를 바꿔야만 했다.

우선, 주가를 움직이는 외부 변수가 너무 많다. 흔히 사람들은

"주가는 실적을 따라간다"고 말한다. 하지만 실적은 여러 가지 변수 중의 하나일 뿐이었다. 오히려 전날 미국 시장의 등락과 이에 따른 우리 시장의 분위기 그리고 현재 이 종목에 대한 외국인과 기관의 수급이 가장 큰 영향을 미쳤다.

 실적도 좋고 회사에도 문제가 없으면 주가는 언젠가는 올라갈 것이다. 그런데 그게 언제일지는 아무도 모른다는 것이다. 이것이 나에게 가장 큰 어려움이었다. 나는 오래 기다릴 수가 없었다. 증권회사 직원으로서, 내가 매수한 주식이 하루라도 빨리 올라가서 수익권에서 매도를 함으로써 매매 수수료를 발생시켜야만 했다. 매매 수수료를 최대한 많이 발생시키는 것이 나의 주요 업무였다. 하지만 결국은 오를 거라는 막연한 기대감만으로 언제일지도 모르는 그때를 위해 마냥 기다린다는 것은 현실적으로 매우 힘들었다. 매일 출근해서 HTS를 볼 수밖에 없는 업무의 특성상 더더욱 그러했다.

 투자자의 입장에서는, 큰 수익이 난다고 할지라도 기다린 시간이 크다면 효율적인 투자 방식은 아니라고 생각했다. 나는 평소에 모든 일에 있어서 효율을 가장 중요시 여긴다. 같은 수익금이어도 그 소요시간이 짧을수록 효율적인 투자가 되는 것이다. 하지만 그때가 언제인지 모르기 때문에 효율을 측정할 수조차 없었다. 오히려 불확실성으로만 가득했다. 게다가 투자 금액도 작기 때문에 정작 수익금도 그 기다린 시간에 대비해서는 만족스럽지 않을 것 같았다.

결론적으로 나는 증권회사 직원으로서 그리고 투자자로서 최대한 빨리 수익을 내야만 했다. 이렇게 생각하고 나니, 더 중요한 문제가 기다리고 있었다.

'무작정 기다린다고 해서 과연 수익이 발생하기는 할까?'

이것이 가장 중요한 문제였다. 사실 수익이 난다면, 못 기다릴 사람은 아무도 없다. 몇 년이라도 좋다. 얼마든지 기다릴 수 있다. 그러나 수익에 대한 확신이 없기 때문에 기다리지 못하는 것이다. 기다렸는데 수익이 안 나면 그동안 기다린 시간은 무용지물이 되고 돈은 돈대로 잃게 된다. 어디 가서 보상받을 수도 없다.

당장 오늘밤 미국 증시도 예측 못 하는데, 수많은 변수들이 존재하는 이 험난한 주식시장에서 이 회사의 주가가 몇 개월 뒤, 몇 년 뒤에 반드시 오른다고 확신할 수가 있을까? 오래 기다리면 무조건 수익이 나는 걸까?

한국의 주식시장은 장기 투자·가치 투자에 적합하지 않다는 소리들도 많이 들었다. 미국 증시는 오랫동안 우상향 추세를 이어오지만, 우리나라 주식시장은 장기 횡보 상태라는 것이다.

아래 그림은 지금으로부터 약 10년 전인 2011년 1월 3일(2011년의 첫 거래일), 종가 기준으로 시가총액 상위 종목들이다. 시가총액 상위 종목들이니까 그 당시에 대한민국을 대표했던 튼튼한 회사들이라고 보면 된다.

이 회사들의 주가를 정확히 10년 뒤인 2021년 1월 4일(2021년의 첫 거래일)의 주가와 비교해봤다. 결과적으로 삼성전자와 SK하이닉

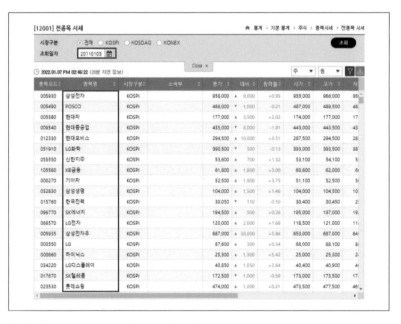

[그림 1-1] 2011년 1월 3일 기준 시가총액 상위 종목

스 그리고 LG화학을 제외하고는 대부분이 저조한 수익률을 나타냈다. 10년이라는 시간에 비해 워낙 적어서 수익이라고 말하기가 무색할 정도다. 17개 중에서 7개 회사의 주가는 오히려 마이너스를 기록했다.

구분	2011.1.3.	2021.1.4.	수익률
삼성전자	19,100	83,000	335%
POSCO	487,000	273,000	−44%
현대차	174,000	207,500	19%
현대모비스	287,500	287,000	0%
LG화학	393,000	889,000	126%
신한지주	53,100	31,550	−41%
KB금융	60,600	42,450	−30%
기아	51,100	64,000	25%
삼성생명	104,000	78,000	−25%
한국전력	30,400	26,900	−12%
SK이노베이션	195,000	231,000	18%
LG전자	115,810	142,000	23%
LG	83,134	96,900	17%
SK하이닉스	25,000	126,000	404%
LG디스플레이	40,400	19,050	−53%
SK텔레콤	173,000	237,000	37%
롯데쇼핑	434,105	104,000	−76%

*2011년 1월 3일의 종가는 월봉 차트상 캔들의 시가를 이용해 수정 주가를 반영.
*삼성전자우는 삼성전자와 주가 흐름이 유사하므로 제외.
*현대중공업은 회사분할로 정확한 비교가 어려워 제외.

시가총액 상위기업들만 대상으로 했기 때문에 이 정도의 양호한 결과를 얻은 것이다. 10년이라는 긴 시간 동안에 상장폐지된 주식들도 많기 때문에, 실제 투자 결과는 훨씬 더 안 좋을 수도 있다. 한국거래소에서도 이와 비슷한 결과를 발표한 적이 있다. 2021년 5월 말 기준으로 코스피 시장 시가총액 30위 이내 기업들의 10년 전과 현재 주가를 비교한 결과, 10년 전보다 주가가 하락한 기업이 7곳이었고, 나머지 23개 기업들 중에서 절반 이상은 10년 사이 주가가 올랐어도 코스피 상승률보다 낮아 수익률이 만족스럽지 못한 경우가 많았다. 기다린다고 무조건 주가가 오르는 것은 아니다. 피터 린치, 워런 버핏과 같은 세계적인 투자자들이 매수한 주식이라고 해서 모두 다 오르는 것은 아니다. 그들도 때로는 손절을 한다.

불리한 싸움

회사에 대한 좋은 내용만 믿고 기다리는 것도 쉽지는 않다. 이 회사에 안 좋은 일이 생겨도 나는 당장 알 길이 없다. 그 정보를 먼저 입수한 기관이나 외국인 투자자들이 팔아 치운 다음에야 나는 알게 될 것이다. 그때는 이미 주가 하락이 한참 진행된 상태일 것이다. 아니, 어떤 경우에는 끝내 그 이유조차 모르는 경우도 많다. 이유를 모르니 대응조차 할 수가 없다. 이것은 어떤 이벤트로 인해 그 회사의 가치가 변해도 그 정보가 나에게 도달하는 데는 시간차가 존재한다는 말이다. 흔히 정보의 비대칭성이라고 한다. 이것은 나에게 매우 불리한 조건이었다. 그리고 내가 이길 수 없는, 즉, 질 수밖에 없는 싸움이라는 것을 의미했다.

사실, 전문 투자자인 기관·외국인과 작은 개미에 불과한 나는 조건이 많이 다르다. 기관·외국인들은 정보가 빠르고 자금이 풍부하며 시간도 많다. 기업의 가치에 기반한 투자 방식의 성격상 당장 급하게 수익 낼 필요가 없다. 그들은 얼마든지 기다릴 수 있다. 그리고 고액 연봉자들이기 때문에 기다리는 동안에도 매월 높은 월급을 꼬박꼬박 수령한다.

더 재미있는 사실은 그들은 수익을 발생시키지 못해도 벤치마크 지수보다 수익률이 좋으면 투자 성과가 좋은 것으로 인정받는다. 즉, 코스피가 10% 하락할 때 운용하는 펀드가 5%만 하락했다면, 손실임에도 불구하고 펀드 운용을 잘한 것으로 평가받는다.

단타가 답이다

결론을 내렸다. "현재 내가 하고 있는 투자 방식은 나와 적합하지 않다"였다. 시장 상황과 수많은 외부 변수들 때문에 주가는 그 회사의 가치와 실적을 반영하지 않을 수도 있다. 또 그 가치를 주가에 반영하는 데는 오랜 시간이 걸릴 수 있다.

그때부터 "주식으로 어떻게 돈을 벌 수 있을까"에 대한 고민을 하기 시작했다. 그러다가 재미있는 현상을 발견했다. 주식시장이 하락하면서 내가 산 주식이 하락하는 기분 나쁜 날에도 어떤 주식들은 상한가에 들어가거나 큰 상승을 했다는 것이다. 심지어 지수가 크게 하락해 대부분의 종목이 하락하는 날에도 상승하는 종목은 분명히 있었다. 똑같은 주식시장에 참여했음에도 나는 기분이 안 좋은데 그 종목을 보유한 사람들은 돈을 벌어서 기분이 좋을 것이다. 이 종목을 전날 샀다면 오늘 같은 하락장에서 나도 돈을 벌었을 것이다. 오늘 아침에만 매수했어도 수익이다.

장기 투자로 수개월, 수년을 기다려서 30%의 수익을 얻는다 할지라도, 이런 매매로 하루에 1%씩만 수익을 낸다면 불과 한 달 만에 30%의 수익을 낼 수 있겠다는 생각이 들었다. 그러고 보니 거의 매일 상한가가 나왔다.

투자의 관점을 완전히 바꿨다. 연구와 고민 끝에 단타를 하기로 결정했다. 게다가 나는 매일 모니터를 보고 있으니 환경도 좋았다.

주식단타로 매일매일 벌어봤어?

앞서 말한 대로 내가 처한 상황에서는 장기 투자보다는 단기 투자가 더욱 적합한 투자 방식이었다. 그래서 단타 공부를 본격적으로 시작했다. 우선은 틈만 나면 도서관에 가서 주식과 관련된 책들을 모조리 다 읽으면서 주식의 기본에 대해 공부를 했다. 예전에 군대에서 영어 공부를 처음 시작할 때에도 대학교 도서관에 가서 3일 동안 영어 공부와 관련된 책들을 전부 다 읽으면서 나만의 영어 학습법을 정립하고 매우 짧은 기간에 영어회화를 끝낸 경험이 있기 때문이다.

경제TV 시청은 물론이고 주식을 잘한다는 사람들의 온라인·오프라인 세미나도 열심히 참석했다. 실전투자대회 수상자들의 강연도 참석하고 그들의 매매 방식도 연구했다. 수상자들은 1, 2개월이라는 매우 짧은 기간에 수백, 수천%라는 말도 안 되는 수익률을 기록했다. 분석 결과, 하나같이 다 단타였다. 이 사실을 알고 나니 의욕이 더욱 불타오를 수밖에 없었다.

한번은 실전투자대회에서 2,000% 이상의 수익률로 1위를 차지한 어느 주식 고수의 오프라인 세미나가 열렸다. 이건 무조건 배워야 된다는 생각에 세미나가 끝나고 그분이 집으로 돌아가는 길을 쫓아가기로 결심했다. 아쉽게도 따라가다가 동선을 놓쳐서 실패로 끝났다.

여기저기 수소문을 한 끝에 어느 주식 고수분과 연락이 됐다. 그분이 귀찮아하실 정도로 집요하게 물어본 탓에 나중에는 미안해서 더 이상 연락을 못 할 정도가 됐다. 대구에 있는 어느 고수와도 연결이 됐다. 하필 그때 잠시 병원에 입원해 있었을 때인데, 그분으로부터 주식을 배우고 싶은 마음에 주말마다 외출증을 받고 대구까지 내려가서 배우기도 했다.

그 정도로 나는 배우고 싶었다. 정말 주식을 잘하고 싶었다. 고객에게 손해를 입히고도 수수료를 많이 발생시켰다고 칭찬받는 증권사 직원이 되고 싶지 않았다. 증권회사 선배들은 "단타는 사기"라며 이런 나를 말렸다. 다 장사꾼이라는 것이다. 하지만 나는 이미 생각이 확고했다. 사기가 아니라는 것도 알고 있었다. 내 눈으로 직접 확인했으니까. 그래서 누구 못지않게 열심히 공부하고 연구했다. 아침에 눈을 뜨자마자 시작해, 밤에 잠들 때까지 하루 종일 주식 생각만 했다. 이렇게 공부했으면 서울대 갔을 거라는 생각도 많이 들었다. 그동안 주식시장을 겪으면서 배운 점들과 나의 기법들에 대해 정리한 내용들이 A4로 수백 장에 이른다. 지금은 주식 공부라면 진절머리가 날 정도로 많이 했다.

최근에는 기관들도 단타를 한다. 한국선재라는 주식은 2021년도에 대통령 후보와 관련된 대선테마·인맥주로 큰 상승을 나타냈었다. 장기 투자의 성향을 지닌 투신 자금조차도 한국선재에서 1박 2일 단타를 자주 했다는 것을 옆의 그림에서 확인할 수 있다.

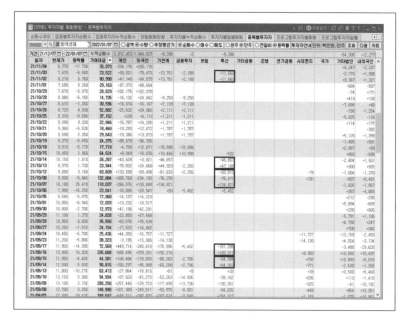

[그림 1-2] 한국선재의 기관 매매 동향

2

개인은 개인답게 투자하라

대한민국의 주식 투자 문화는 2020년을 기점으로 크게 변화했다. 2020년 이전에는 주식 투자라는 말조차 일종의 금기어였다. 주식 투자를 하는 사람은 도박 중독자 같은 시선을 받기 쉬웠다. 지하철에서 핸드폰으로 관심종목의 시세를 확인할 때도 다른 사람들이 볼까 봐 숨겨서 몰래 보는 사람들도 있었다. 그래서 나는 "왜 우리나라는 주식 투자 문화가 발달되지 않았을까?" 하는 의문도 가졌었다. 나는 홍콩을 너무나도 좋아해서 2020년 이전에만 20여 차례 이상 다녀왔다. 그 당시 홍콩에 대한 책들을 많이 읽었었는데, 홍콩은 주식 투자 문화가 매우 보편화돼 있어서 주식 투자를 하는 할머니들을 쉽게 볼 수 있다는 글들을 여러 차례 읽은 적이 있다. 증권회사에 다니던 때라 나는 그러한 문화가 내심 부러웠다.

그러다가 2020년에 코로나 바이러스가 전 세계를 강타하면서 우리나라를 비롯해 각국의 주식시장에서 엄청난 폭락장이 출현했다. 이때부터 우리나라의 주식 투자 문화가 급격하게 변하기 시작했다. 엄청난 폭락에 이은 급격한 반등장에서 너무나도 쉽게 돈을 벌었다는 이야기가 퍼지자, 너도 나도 할 것 없이 주식시장에 뛰어든 것이다. 이때 처음 나온 말이 '동학개미'고 '주린이'다. 이 단어들은 이제는 누구나 다 아는 말일 테니 설명은 생략하겠다. 중요한 것은 드디어 대한민국에도 주식 투자의 바람이 불었다는 것이다. 이제는 지하철에서 시세를 확인할 때도 숨어서 몰래 볼 필요가 없다. 지하철 안에서 주식 투자에 대해 이야기를 나누는 것은 더 이상 이상한 일이 아니다. 카페나 식당에서 본인의 주식 투자 경험을 공유하는 것은 어느새 일상이 돼버렸다.

이처럼 투자가 보편화되면서 주식을 본격적으로 공부하는 사람들이 많아졌다. 경제방송 시청은 기본이고 주식 전문 유튜브를 보면서 깊게 공부하는 사람들도 많다. 본업은 뒤로한 채 주식에 매진하는 사례도 심심찮게 볼 수 있다. 부동산 가격의 폭등, 파이어족에 대한 동경 그리고 부자가 되고 싶은 열망 등으로 인해, 사람들은 더더욱 주식 투자에 빠져들게 됐다.

예전과는 달라진 주식 투자의 위상이 흐뭇한 것은 사실이다. 하지만, 다른 한편으로는 걱정도 앞선다. 자칫 시간 낭비를 하지 않을까 그리고 다른 사람들의 감언이설과 잘못된 정보로 인해 쉽게 큰 손실을 입지나 않을까 하는 걱정들이다.

나는 대학교에서 경제학과 경영학을 전공하면서 배운 금융에 대한 이론만 가지고 증권회사에 입사했다. 그러면서 주식 투자에 처음으로 발을 들여놓게 됐다. 실전 투자에 대해서는 하나도 아는 것이 없었다. 증권 계좌조차도 입사 후에 처음 만든 것이었다. 신입사원이면서 동시에 말 그대로 진짜 주린이였다.

그 당시에 느낀 가장 큰 고충은, 주식 투자를 잘하기 위해 무엇을 공부해야 되는지조차 모른다는 것이었다. "이걸 공부하면 주식을 잘할 수 있을까?"라는 물음에 확신이 없었다. 이미 차트나 캔들 패턴 등을 비롯해 다양한 공부를 해봤지만 주식 실력은 항상 제자리였기 때문이다. 그러니 이번에도 시간 낭비가 아닐까 하고 두려워서 새로운 공부를 시작하는 것이 엄두조차 안 났다. 나중에는 "주식으로 돈을 버는 것이 과연 가능하긴 한 걸까?"라는 물음으로 바뀌었다. 증권회사 선배들이 가르쳐주지 않느냐고? 그들도 모르는 것은 매한가지였다.

주식시장에 뛰어든 지 얼마 안 된 주린이분들 역시 나와 같은 심정일 것이다.

"도대체 무엇을 공부해야 할까?"

"뭘 공부해야 하는지라도 알아야 공부를 하지…"

그러다 보니 대부분의 사람들은 굳이 안 해도 되는 것들을 매우 힘겹게 공부하고 있다. 대표적인 예가 경제학 이론과 재무제표에 대해 깊게 공부하는 것이다. 심지어 미국에서 현재 발생한 일시적인 이벤트에 대해서까지 너무나도 깊게 알려 한다.

주식 투자를 잘하기 위해 경제를 열심히 공부하는 사람들에게 나는 항상 이렇게 말한다. "그럼 경제학자들이 주식시장에서 가장 돈을 많이 벌었겠네?"

개인들이 주식시장에서 성공하기 위해 알아야 하는 경제 이론은 극히 일부분일 뿐이다. 어려운 경제학 이론이나 순수 경제학적인 내용은 주식을 잘하는 데 있어서 불필요하다. 굳이 이러한 내용들을 공부할 필요가 없다. 재무제표 역시 마찬가지다.

우리 같은 개인들은 기관·외국인 투자자와 주식시장에서 맞서서 싸워야 한다. 기관·외국인 투자자들은 우리와 기본 환경부터가 다르다. 기관과 외국인은 시간도 많고 돈도 많다. 매월 높은 급여도 나온다. 반면에 우리는 정반대다. 시간도 돈도 많지 않다. 우리 스스로 매월 직접 생활비를 벌어야 한다.

이처럼 출발하는 시작점부터가 우리와 다른 기관·외국인 투자자들을 이기기 위해서는 우리 개인들만이 가진 장점을 활용해야 한다. 그런데 많은 사람들이 그러기보다는 오히려 기관과 외국인이 사용하는 것과 똑같은 방법을 사용하려 한다. 나는 이것이 첫 단추부터 잘못 꿰는 것이라고 생각한다. 기관과 외국인이 사용하는 방법으로 그들을 이기려고 하니까 안 되는 것이다. 개인은 개인답게 투자해야 한다. 개인은 개인이 가진 장점을 살릴 수 있는 방법을 사용해야 한다.

3

단타의 장점

1) 전업 투자에 가장 적합하다

2020년부터 주식 열풍이 불면서 주식 투자를 주업으로 삼겠다는 사람들도 많이 생기고 있다.

주식 투자를 주업으로 하는 사람들을 흔히 전업 투자자라고 부른다. 하루 종일 HTS를 보면서 주식 매매를 하고 이를 통해 매월 최소 월급 이상의 수익을 거두는 것을 목표로 한다.

우리나라에서 대부분의 전업 투자는 단기 매매에서 시작한다. 그 이유는 초기 자본금이 적어도 시작할 수 있기 때문이다. 유명한 주식 고수분들 중에서 단돈 수십, 수백만 원부터 시작해서 현재는 수십억,

수백억대의 자산가로 성장한 경우가 매우 많다. 단기 매매는 매일매일 여러 차례 매매를 하면서 계좌 회전율을 높이는 방법으로 수익률을 극대화한다. 그리고 매일매일 꾸준한 수익을 쌓아가서 월 단위로는 큰 수익금을 만든다는 특징이 있다. 따라서 투자 금액이 적은 사람이 빠른 기간 동안에 큰돈을 벌기에는 단기 투자가 더 좋다.

그리고 전업 투자자들은 주식을 통해 매월 일정한 생활비를 직접 벌어야 하는데, 그런 측면에서 매월 꾸준한 수익을 거둘 수 있는 단기 매매가 훨씬 더 적합하다. 이러한 의미에서 단기 매매를 하는 트레이더들은 보통 월별로 결산을 한다. 필요시에는 당일의 수익금을 '매도대금 담보대출'이라는 방법을 통해 매일매일 인출할 수도 있다. 2일 뒤에 결제되는 예수금 중에서 이날 발생한 수익금만 당일 출금하는 것이다. 그래서 단기 투자를 "ATM 매매"라고도 부르기도 한다.

당장 아무런 수입도 없는 사람이 장기 투자로 전업을 하겠다는 것은 말이 안 되는 얘기다. 생활고로 인해 다시 취직할 확률이 99%다. 장기 투자는 한 번에 큰 수익이 발생하기는 하지만, 매월 일정한 수입을 보장하지는 않는다. 단기 투자로 성공해서 투자 금액이 어느 정도 커지면 그때는 단기 투자와 장기 투자를 병행하기도 한다. 자금을 분산시키는 것이다.

물론 장기 투자로 전업을 시작하는 사람들도 있다. 하지만, 내가 경험해본 바로는 그런 사례는 매우 드물다. 또 그렇다 할지라도 대부분이 본업으로 생계를 유지하면서 장기 투자를 부업으로 병행하다가, 장기 투자로 큰돈을 번 이후에 그 수익금을 담보로 원래의 본업을 관두고 전업 투자자로 나서는 경우가 대부분이다.

2) 쉽고 단순하다

주가를 분석하는 방식은 크게 기술적 분석과 기본적 분석의 두 가지로 나뉜다. 기술적 분석은 주가의 과거 흐름을 분석하는 방법이고 기본적 분석은 주식의 내재적 가치를 분석하는 방법이다.

단기 투자의 가장 큰 장점은 복잡하고 어려운 방법을 이용해 기업의 내재가치를 분석할 필요가 없다는 것이다. 단기 투자는 내재가치보다는 그 주식의 가격 흐름에 집중한다. 그래서 단타에 있어서 기술적 분석이 거의 대부분을 차지하고 기본적 분석은 매우 미미하다. 매년 3월에 회계 감사 시즌을 앞두고 상장폐지를 피하기 위해 이 회사의 실적이나 재무구조에 큰 문제가 있는지를 살피는 것을 제외하고는, 평소에는 기본적 분석을 거의 하지 않는다.

사실 단타는 생각보다 쉽고 단순하다. 단기 투자를 처음 접하는 사람들에게는 물론 어렵고 막연하게만 느껴질 것이다. 하지만, 단타는 그 어느 투자 방식보다도 단순하다. 우선 어려운 경제학 이론을 공부할 필요가 없다. 나도 대학에서 경제학을 전공했지만 주식 투자에 실제로 활용하고 있는 경제학적인 지식은 매우 적다. 단기 투자를 위해서는 주식 투자에 필요한 거시경제 지표인 금리, 환율, 유가 정도만 알면 된다. 그것도 이 지표들이 주식시장에 어떤 영향을 미치는지, 그리고 이로 인한 수혜주와 피해주가 어떤 종목들인지 정도만 알면 된다. 그 외에 인플레이션과 같은 기본적인 경제학적인 용어들도 그 의미 정도만 가볍게 알고 있으면 된다. 테이퍼링, 상하이 컨테이너운임 지수와 같은 일반적이지 않은 용어들은 그때그때 이슈가 될 때 확인해도 늦지 않다. 이러한 단어들을 미리미리 공부하느라 시간 낭비할 필요 없다.

반면에 내재가치를 파악하기 위한 기본적 분석은 매우 복잡하고 어렵다. 우선, 한글로 써있지만 이해하기 어려운 전문용어들과 숫자들로 가득 차있는 재무제표와 손익계산서를 이해할 수 있어야 한다. 그리고 이 숫자들을 이용해 본인에게 필요한 투자 비율이나 수치들을 구할 수 있어야 한다. 가장 어려운 점은 이 회사의 제품이 시장에서 어떤 반응을 얻고 있는지, 매출이 증가하고 있는지 감소하고 있는지, 앞으로의 전망이 어떤지에 대해 일반인들은 쉽게 알 수 없다는 것이다. 우리가 흔히 소비하는 소비재를 생산하는 회사들은 그나마 나은 편이지만, 기업들이 직접 사용하는 산업재를 생산하는 회사의 경우에는 이런 정보들에 대해 개인들은 접근조차 어렵다. 기업 분석의 가장 기본이라고 할 수 있는 매출에 대한 정보조차 쉽게 알 수 없다.

더욱 화가 나는 것은 매출이 오르고 영업이익이 오른다고 해서 주가가 무조건 오르는 것도 아니라는 점이다. 사상 최고 매출과 실적을 기록했음에도 불구하고 주가가 하락해서 많은 개인 투자자들이 실망하고 있다는 신문 기사나 뉴스를 많이 봐왔을 것이다. 아무리 실적이 좋아도 미래에 대한 전망이 안 좋거나 불투명하기 때문에 주가가 하락하는 것이다. 그런데 이런 내용을 개인 투자자들이 쉽게 알 수 있을까?

이처럼 기본적 분석은 해당 분야에 종사하고 있지 않는 이상 개인들이 구사하기에는 분명한 한계가 있다. 나는 증권회사 신입사원 시절에 기본적 분석의 한계와 문제점을 깨닫고 일찌감치 포기했다.

*기본적 분석의 한계

기본적 분석에는 주가수익비율(PER)을 이용해 해당 주식의 적정 주가를 구하는 방식이 있다. [PER=현재 주가÷EPS]라는 수식에서 EPS를 반대편으로 이동해 [적정 주가(현재 주가)=PER×EPS]이라는 수식으로 바꿔 이용하는 것이다.

*적정 주가 = PER×EPS

1)EPS(Earning Per Share · 주당 순이익)
-1주당 순이익이 얼마나 발생했는지
-EPS=순이익÷발행 주식 수

2)PER(Price Earning Ratio · 주가 수익 비율)
-현재 주가가 순이익에 비해 몇 배의 비율인지
-PER=현재 주가÷EPS

3)적정 주가=PER×EPS

EPS는 회사의 재무제표와 손익계산서를 통해 쉽게 구할 수 있다. 이것은 장부상에 나온 수치이기 때문에 지극히 객관적인 자료다. 중요한 것은 PER이다. 이 PER의 값을 얼마로 하느냐에 따라 적정 주가가 달라질 수 있기 때문이다.

그럼 PER을 몇으로 해야 할까? 보통은 업종 평균 PER을 많이 사용한다. 그런데 이 업종 평균 PER을 사용해 일괄적으로 계산된 적정 주가가 그 회사가 가진 고유한 가치를 잘 반영하고 있는 걸까? 내 생각은 그렇지 않다. 평균은 평균일 뿐이다.

증권사 신입사원 시절에, 왜 PER에 이 수치를 부여했는지 궁금해서 해당 보고서를 작성한 애널리스트에게 직접 전화를 걸어 문의한 적이 있었다. 그분의 답변은 특별한 이유는 없고 업계 관행이라는 것이었다. 통상적으로 이렇게 한다는 것이었다. 나는 실망감을 느낀 채 통화를 마쳤다.

업종 평균 PER을 사용하지 않고, 이 회사의 가치에 따라 PER을 조정하기도 한다. PER을 높이는 것을 프리미엄(PREMIUM)이라 부르고, PER을 낮추는 것을 디스카운트(DISCOUNT)라고 부른다. 재미있는 것은 이 역시도 분석하는 사람의 주관적인 견해에 따라 부여하는 PER이 달라진다는 것이다. 이 회사를 좋게 보면 높은 PER을 부여해 적정 주가는 높아진다. 반대로 이 회사를 안 좋게 본다면 낮은 PER을 부여해 적정 주가는 낮아진다.

그리고 이 회사를 좋게 보고 프리미엄을 부여할지라도, PER에 어떤 수치를 부여하느냐에 따라 또다시 적정 주가가 달라진다. 즉, 똑같이 좋게 보더라도 PER에 40을 주느냐, 50을 주느냐에 따라 적정 주가가 다르게 산출되는 것이다. 이러한 이유로 동일한 회사를 분석한 증권사 애널리스트들 사이에서도 목표 주가가 제각각인 것이다. 말이 적정 주가지, 분석하는 사람의 '주관이 개입한' 적정 주가다.

즉, 아무리 기본적 분석일지라도 애초부터 그 회사의 가치를 객관적으로 정확하게 반영하는 '적정 주가'라는 것은 없다는 것이다. 막연한 추정이고, 주관이 많이 개입된 예상 가격일 뿐이다. 흔히 '가치 투자'니 '적정 주가'라는 말을 들으면 뭔가 대단한 것이 있을 것 같지만, 사실은 그렇지 않다.

3) 시장의 등락에 상관없이 꾸준히 수익을 낼 수 있다

주식시장은 상승만 하지 않는다. 상승과 하락 그리고 횡보를 반복한다. 안타깝게도 이 세 가지 구간이 똑같이 33%씩 발생하는 것도 아니다. 흔히 상승 구간보다 하락 구간이 훨씬 더 많다고 말한다. 보통 주식시장은 일 년 열두 달 가운데 세 달만 상승하고 나머지 아홉 달은 하락한다고 신입사원 시절에 들은 기억도 있다.

시장 하락기에는 대부분의 종목들이 하락한다. 아무리 좋은 회사의 주식일지라도 시장 하락은 피할 수 없다. 회사의 가치와 무관하게 주가가 시장 하락과 동반해 하락하는 것이다. 하락 기간이 길어질수록 주가가 원하는 목표 가격까지 도달하는 시간이 오래 걸리게 된다. 회사만 믿고 주식을 매수한 사람들은 이 하락 기간을 매우 힘들어한다. 회사가 이렇게 좋은데 도대체 주가는 왜 이러냐는 것이다. 미국이나 해외에서 생긴 외부 악재들로 인해 시장이 하락할 때는 그것과 이 회사가 무슨 관계가 있냐면서 도저히 받아들이지 못하기도 한다. 그런데 정말 안타깝게도 시장 하락은 어쩔 수 없다. 그 어느 누구도 시장을 이길 수는 없다.

우리가 할 수 있는 것은 이 하락 기간이 빨리 끝나길 바라거나 아니면 이 회사나 이 회사가 속한 업종에 갑자기 좋은 호재가 나와서 시장 하락과 반대로 주가가 오르길 바라는 것뿐이다. 이처럼 시장의 하락과 동반해 보유주식이 하락하는 것은 장기 투자의 가장 큰 단점이다. 장기로 오랫동안 주식을 보유하는 동안에 하락 구간이 없을 리가 없다.

반대로, 이것은 단기 투자의 가장 큰 장점이다. 상승, 하락, 횡보 등 어떤 장에서도 시장에 상관없이 매일매일 꾸준히 수익을 발생시킬 수 있다. 심지어 눌림 매매를 주로 하는 사람들은 시장 하락을 더 좋아한다. 시장이 하락하면 매매 기회가 더 많다는 이유에서다.

단타의 매매 방식에 대해 보다 자세히 알게 되면, 시장에 상관없이 매일매일 꾸준히 수익을 발생시킨다는 말의 의미가 쉽게 이해될 것이다.

단기 매매가 시장에 상관없이 수익을 낼 수 있는 가장 큰 이유는 오랜 시간 동안 주식을 보유하지 않기 때문이다. 경제학에서 현금과 은행 예금은 안전자산이라 부르고 주식은 위험자산이라고 부른다. 즉, 주식을 사는 순간부터 하락에 대한 위험을 떠안는 것이다. 따라서 주식을 보유하고 있는 시간이 길어질수록 위험도 그만큼 커진다. 언제 터질지 모르는 폭탄을 오래 들고 있는 것이다. 따라서 위험자산인 주식의 보유기간을 최대한 짧게 해서 위험을 최소화하면서 수익을 내는 것이 중요하다.

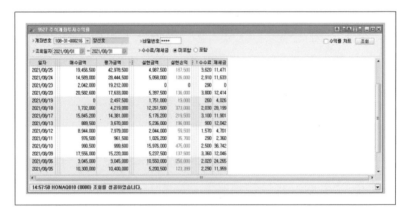

[그림 1-3] 2021년 8월의 하락장에서도 매일 수익을 발생시켰다

한 예로, 필자는 2021년 8월 6일부터 20일까지 2주간 코스피와 코스닥이 각각 7%, 9% 하락하는 기간에도 거의 매일매일 단타로 회원님들에게 수익을 안겨드렸다.

[그림 1-4] 2021년 8월 6일부터 20일까지의 코스피 일봉 차트

[그림 1-5] 2021년 8월 6일부터 20일까지의 코스닥 일봉 차트

4

단타의 종류

주식 투자는 보유 기간에 따라 장기 투자와 단기 투자의 두 가지로 크게 나눌 수 있다. 어느 유명하신 분은 "주식 투자에서 3년보다 짧으면 전부 다 단타"라고 말했다. 경제학에서는 1년을 기준으로 단기 금융상품과 장기 금융상품으로 구분한다. 즉, 만기 1년 미만의 금융상품은 단기 금융상품이고, 만기 1년 이상의 금융상품은 장기 금융상품이다.

주식 투자의 세계에서 단기 투자와 장기 투자를 구분하는 명확한 시간적 기준은 없다. 사람마다 생각하는 차이일 뿐이다. 누군가에게는 3개월 이상 보유하면 장기 투자일 수도 있고 누군가에게는 3년 이상 보유해야 장기 투자일 수도 있다. 그러나 일반적으로는 보유 기간에 따라 아래와 같이 구분한다.

구분	보유기간
단기 투자	1개월 이내
중기 투자	1개월 이상~1년 미만
장기 투자	1년 이상

1개월 이내로 보유하면 단기 투자고, 1개월보다 길되 1년 미만이면 중기 투자라고 하며, 1년 이상 보유하는 경우에는 장기 투자라고 부른다. 흔히 말하는 가치 투자가 장기 투자의 대표적인 예다.

단기 투자는 1개월 이내의 모든 매매 방식을 일컫는데, 기간이 짧은 것에 반해 단기 투자의 종류는 의외로 다양하다. 일반적으로는 아래와 같이 구분한다.

구분	보유 기간	일반적인 목표 수익률
스캘핑	몇 초 혹은 몇 분 동안만 보유	0.5~2%
데이트레이딩	당일의 몇 시간 동안만 보유	2~5%
종가 베팅	당일 종가에 매수 당일 시간외 · 다음 날 오전에 매도	3~7%
단기 스윙	2일 이상~2주일 이내 청산	5~10%
스윙	2주일 이상 보유 통상 1, 2개월 이내 청산	10~20%

*많은 사람들이 종베를 종배로 알고 있는데, 종베는 종가 베팅의 준말이다. 종가에 산다는 의미다.

불과 몇 초 혹은 몇 분 동안만 보유하며 수익을 발생시키는 스캘핑은 하루에 수십 번을 매매하기도 한다. 작은 수익이지만 이것을 누적시켜서 큰 수익을 만드는 것이다. 0.5%의 수익을 10번 누적시키면 5%의 수익이 된다. '티끌 모아 태산' 전략이다. 데이트레이딩은 보통 하루에 3~7회 정도 매매한다. 종가 베팅도 딱 한 종목만 하는 것이 아니다. 여러 종목을 동시에 종가로 매수하기도 한다.

여기에 나온 모든 단기 매매를 칼로 무 자르듯이 명확하게 구분할 수는 없다. 잠깐 동안 작은 수익을 내기 위해 스캘핑으로 들어갔다가 주가가 뜻대로 안 움직여서 본의 아니게 며칠 동안 보유하게 되면서 단기 스윙으로 바뀌기도 한다. 혹은 1개월을 예상하며 스윙으로 들어갔다가 갑자기 주가가 급등을 하면서 당일에 매매가 끝나기도 한다.

목표 수익률 역시 마찬가지다. 데이트레이딩으로 들어가서 2~5%를 예상했는데, 수급 상황이 안 좋아져서 1%의 수익만 취하고 바로 빠져 나오는 경우도 부지기수다.

이처럼 주식 투자에는 100%가 없다. 그때그때 다르다. 사실, 이런 구분이 중요한 것이 아니다. 어떤 투자를 하든 간에 수익을 내는 것이 더 중요하다. 따라서 이러한 구분은 개략적으로만 알고 있으면 된다.

그리고 단기 투자를 선택했을지라도 각각의 매매 방식이 다 다르기 때문에 그 안에서 자신에게 맞는 매매법을 찾는 것이 중요하다. 하루에 수십 번 스캘핑을 할 수 있는 시간적 여유가 있는지, 아니면 느긋하고 여유 있는 데이트레이딩을 하고 싶은지, 아니면 직장인이어서 종가 베팅만 가능한 상황인지를 고려해 자신만의 매매 스타일을 찾아 발전시키는 것이 필요하다.

나의 경우에는, 데이트레이딩이 주력이다. 하지만 일반적인 데이트레이닝보다는 매매 횟수가 적은 편이다. 하루에 1~3회 정도 매매하는 것을 선호한다. 횟수가 많아질수록 확률이 낮아지기 때문이다. 또 어떤 사람들은 동시에 여러 종목을 매매하기도 하는데, 나는 그럴 경우 정신이 없어져서 그다지 좋아하지 않는다. 나는 한 번에 한두 종목에만 집중하는 것을 좋아한다.

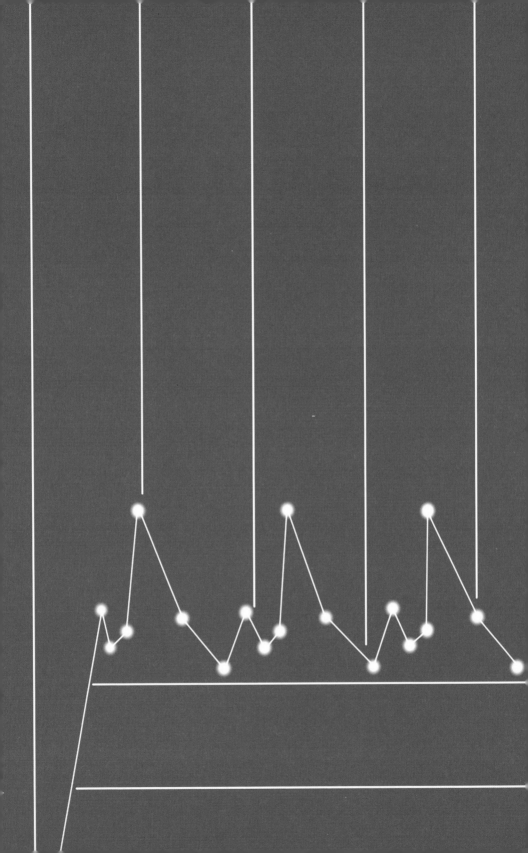

2장

단타를 위한 기초 지식

주린이를 위한 실전 단타 입문서

1

전통적인 기술적 지표

1) 지지·저항을 활용한 저점 매수와 고점 매도

한 방향으로 영원히 가는 주식은 없다. 주식은 상승과 하락 그리고 횡보를 끊임없이 반복하며 움직인다. 상승하던 주식은 언젠가는 하락으로 전환하고 하락하던 주식은 언젠가는 상승으로 전환한다.

상승하던 주식이 하락으로 전환할 때 형성한 꼭짓점을 고점이라고 부른다. 그리고 이 고점들을 수평으로 길게 연결한 선을 저항선이라고 부른다. 상승해서 올라온 주가가 이 가격대에서 저항을 받고 하락으로 전환할 확률이 높다는 의미다. 이 저항선에 고점이 여러 개 존재할수록 저항의 힘은 더 커진다. 저항선은 매도의 기준이 된다.

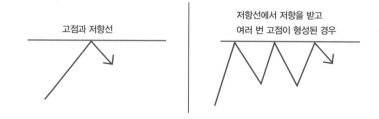

하락하던 주식이 상승으로 전환할 때 형성한 꼭짓점을 저점이라고 부른다. 그리고 이 저점들을 수평으로 길게 연결한 선을 지지선이라고 부른다. 하락하면서 내려온 주가가 이 가격대에서 지지를 받고 상승으로 전환할 확률이 높다는 의미다. 이 지지선에 저점이 여러 개 존재할수록 지지의 힘은 더 커진다. 지지선은 매수의 기준이 된다.

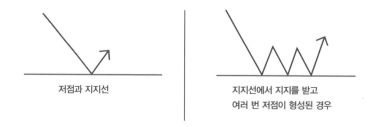

비슷한 가격대에서 반복해서 지지와 저항을 형성하면 주가는 사각형 안에 갇혀있는 흐름을 나타낸다. 이것을 박스권이라고 부른다. 이럴 때는 지지선 부근에서 매수해서 저항선 부근에서 매도하는 박스권 매매가 유용하다.

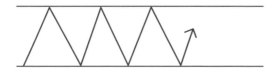

박스권 패턴은 실제 차트에서도 쉽게 찾을 수 있다. 아래의 차트들에서 노란 사각형 안이 박스권 구간이다.

[그림 2-1] 휴마시스 일봉 차트에 나타난 박스권 구간

저항선에서 계속 부딪히던 주가가 어느 날 저항선을 돌파하면 어떻게 될까? 저항선을 돌파한 주가는 하락 시 이 저항선에서 지지를 받을 확률이 높다. 그래서 돌파 이후에는 저항선이 지지선으로 변한다. 돌파 전에 이 저항선에서 여러 번 저항을 받아 고점을 형성한 경우가 많을수록, 즉 돌파 이전에 강력한 저항선이었을수록 그만큼 지지의 힘도 강하다.

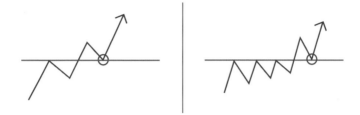

이번에는 반대의 경우다. 지지선에서 계속 지지를 받던 주가가
어느 날 지지선을 이탈하면 어떻게 될까? 지지선을 이탈한 주가는
반등 시 이 지지선에서 저항을 받을 확률이 높다. 그래서 하락 이탈
이후에는 지지선이 저항선으로 변한다. 그리고 이탈 이전에 이 지
지선에서 여러 번 지지를 받아 저점을 형성한 경우가 많을수록, 즉
이탈 전에 강력한 지지선이었을수록 그만큼 저항의 힘도 강하다.

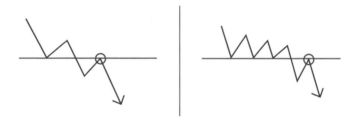

2) 신뢰도가 가장 높은 이동평균선

이동평균선은 여러 가지 기술적 지표 중에서 가장 많은 사람들
이 사용하는 것 중의 하나다. 이동평균선이라는 이름 자체만 놓고

주식단타로 매일매일 벌어봤어?

보면 어려워 보이지만, 알고 보면 매우 간단하다. 일정 기간 동안의 종가들의 단순 평균값을 구하고 이를 연결한 선이다. 5일 이동평균선은 최근 5일간의 종가를 평균 내어 연결한 선이고, 10일 이동평균선은 최근 10일간의 종가를 평균 내어 연결한 선이다. 차트에 설정만 해두면 자동으로 표시가 되기 때문에 직접 평균값을 계산할 필요는 없다. 원리만 알고 있으면 된다.

 이동평균선 자체만으로도 매우 강력한 지지선과 저항선의 역할을 한다. 이동평균선 아래에 있는 주가가 상승할 때는 이동평균선이 강력한 저항선으로 작용하는 경우가 많다. 반대로 이동평균선 위에 있는 주가가 하락할 때는 이동평균선이 강력한 지지선으로 작

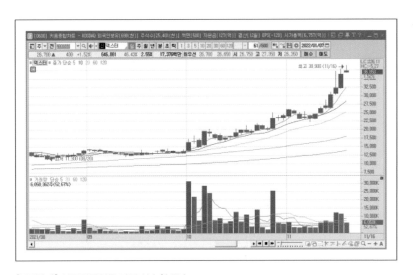

[그림 2-2] 이동평균선을 타고 상승한 모습

용하는 경우가 많다. 따라서 주가 자체의 지지나 저항 외에도 이동
평균선의 위치를 파악하는 것도 매우 중요하다.

주가와 이동평균선의 간격을 이격이라고 부른다. 이동평균선과
주가는 서로 멀어지면 가까워지려 하고 너무 가까워지면 다시 멀어
지려는 속성이 있다. 보통 5일선을 많이 활용한다. 큰 상승을 해 주
가와 5일선과의 이격이 크면, 주가는 조정을 받아서 5일선과 가까
워지면서 이격을 줄일 확률이 매우 높다. 그리고 나서 주가는 다시
상승을 하거나 하락을 해 이격을 다시 크게 만들 확률이 매우 높다.

이동평균선은 본인이 설정하기 나름이다. 보통은 5일선, 10일선, 20
일선, 60일선, 120일선, 240일선, 480일선을 많이 활용한다. 본인만의

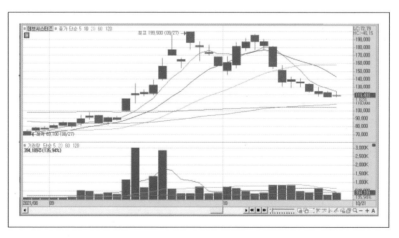

[그림 2-3] 빨간색 5일선과의 이격 조정을 하며 상승과 하락하는 모습

주식단타로 매일매일 벌어봤어?

특별한 이동평균선을 만들고 싶다면 차트 화면에서 설정하면 된다.

사람들이 가장 많이 사용하는 이동평균선인 5일선은 생명선이라고 부른다. 주가가 5일선을 이탈하면 시세가 끝났다고 보는 사람들이 많기 때문이다. 어떤 트레이더들은 5일선 위에 있는 주식만 매매를 하고 5일선을 이탈한 주식은 쳐다보지도 않는다. 5일선은 단타 트레이더들에게 매우 중요하다.

아래에 있던 5일선이 위에 있는 20일선을 상향 돌파하는 것을 골든 크로스(Golden Cross)라고 부른다. 많은 사람들이 골든 크로스를 매수 포인트로 활용한다. 반대로 위에 있던 5일선이 아래에 있는 20일선을 하향 이탈하는 것을 데드 크로스(Dead Cross)라고 부른다.

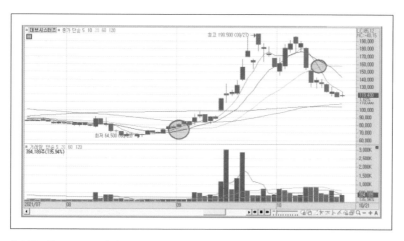

[그림 2-4] 골든 크로스(좌), 데드 크로스(우)

데드 크로스는 매도 포인트로 많이 활용된다.

주가가 상승하면서 이동평균선이 위에서 아래로 5일선-10일선-20일선-60일선-120일선의 순서로 배열된 것을 정배열이라고 부른다. 정배열은 현재의 주가 위에 저항선 역할을 하는 이동평균선이 존재하지 않기 때문에 저항선이 없는 상황이다. 따라서 추가적인 상승을 하기가 쉽다.

반대로, 주가가 하락하면서 이동평균선이 위에서 아래로 120일선-60일선-20일선-10일선-5일선의 순서로 배열된 것을 역배열이라고 부른다. 역배열은 현재의 주가 위에 저항선 역할을 하는 이동평균선이 많이 존재하기 때문에 쉽게 상승하지 못한다. 따라서 추가적인 상승을 기대하기가 어렵다.

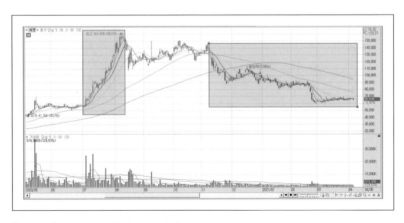

[그림 2-5] 씨젠의 정배열(좌), 역배열(우)의 모습

주식단타로 매일매일 벌어봤어?

이처럼 정배열과 역배열은 주가의 흐름이 많이 다르다. 따라서 비슷한 조건의 주식이라면, 역배열보다는 정배열 구간에 있는 주식을 매매하는 것이 수익을 낼 확률이 더 높다.

3) 95% 확률의 볼린저밴드

볼린저밴드(Bollinger bands)는 1980년대 초반에 미국의 투자 전문가인 존 볼린저(John Bollinger)가 만든 투자 지표다. 기술적인 분석을 주로 사용하는 투자자들이 유용하게 사용하는 지표 중 하나다. 국내에 출간된 존 볼린저의 《볼린저밴드 투자 기법》이라는 책에는 볼린저밴드를 활용한 핵심적인 투자 기법 세 가지가 공개돼 있다.

볼린저밴드는 중심선과 이 중심선의 위아래에 위치한 상한선과 하한선의 3개로 이뤄진다. 이 모습이 밴드가 주가를 둘러싸고 있는 것과 같다고 해서 볼린저밴드라고 부른다. 주가가 상한선과 하한선을 경계로 등락을 반복한다는 전제하에, 주가의 변동이 표준정규분포 함수를 따른다고 가정한다. 주가가 표준정규분포 함수에 의해 이 상한선과 하한선 사이의 밴드 안에서 움직일 확률이 매우 높다는 이론이다. 설정값은 보통 20-2를 많이 사용하는데, 20일간의 평균주가를 중심으로 해 이 변동폭의 표준편차의 2배를 상한선과 하한선으로 사용한다는 의미다. 이럴 경우, 주가가 상한선과 하한선 사이에서 움직일 확률은 95%다.

기본적으로는 볼린저밴드 하한선을 지지선으로 보고 매수하고 볼린저밴드 상한선을 저항선으로 보고 매도하는 전략을 취한다. 이 방식이 현재 투자자들이 가장 많이 활용하는 방식이다.

두 번째는 볼린저밴드의 수축과 확장을 활용하는 전략이다. 확장 됐던 볼린저밴드의 폭이 축소되면서 주가가 밀집된 이후에 밴드 상 한선을 돌파하면서 상승할 때를 매수 타이밍으로 활용하고 반대로 하한선을 이탈할 때를 매도 타이밍으로 이용한다. 박스권 상단 돌 파 시 매수하고 박스권 하단 이탈 시 매도하는 박스권 패턴과 매우 유사하다.

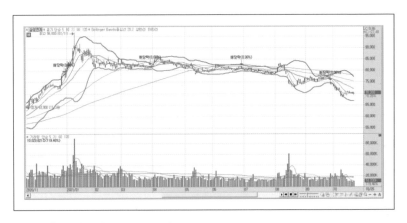

[그림 2-6] 삼성전자의 볼린저밴드 모습

[그림 2-7] 삼성전자의 볼린저밴드 모습(2)

[그림 2-8] SK텔레콤의 볼린저밴드 모습

* 볼린저밴드 설정법

(1) 차트창에서 차트 위에 마우스를 놓고 우클릭하고 지표겹치기
를 선택한다.

(2) Bollinger Bands를 선택하고 적용을 누른다.

(1)   (2)

(3) Y축 표시방법에서 '다음 지표와 Y축 공유'를 선택하고 '삼성
전자'를 선택하고 확인을 누른다. 그러면 차트에 볼린저밴드가 나
타난다.

* 볼린저밴드 설정 변경 방법

(1) 차트 위에서 볼린저밴드라고 나타난 부분을 더블 클릭한다.

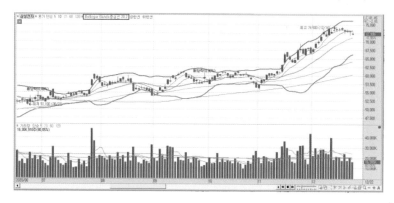

(2) 기본 설정은 20-2다. 이
곳에서 본인이 원하는 대로 설
정을 변경할 수 있다.

(3) 라인 설정 탭에서 중심선, 상한선, 하한선의 두께를 변경할 수 있다. 나는 상한선, 하한선을 빨간 색상과 너비 3mm로 설정했다. 여기서 중요한 점은 좌측에서 상한선을 한 번 클릭해서 상한선을 선택한 이후에 색상과 너비를 바꾸고 나서 다시 좌측에서 하한선을 클릭해서 하한선을 선택한 이후에 색상과 너비를 바꿔야 한다는 것이다. 중심선, 상한선, 하한선이 동시에 바뀌는 게 아니라 선별로 일일이 설정을 해줘야 한다. 마지막에 확인을 누른다.

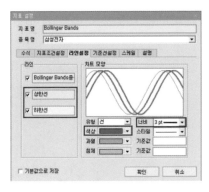

(4) 아래와 같이 볼린저밴드가 두껍게 나타나서 이동평균선과 확실하게 구별이 됐다.

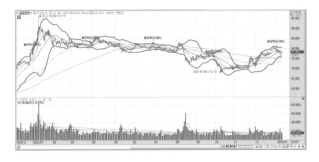

4) 4천억 원을 벌어준 엔벨로프

엔벨로프(Envelop)는 봉투라는 뜻의 영어로, 봉투처럼 주가를 감싼다는 의미를 가지고 있다. 일본의 전설적인 트레이더인 BNF가 주로 활용했다고 알려지면서 유명세를 타기 시작했다. 그는 엔벨로프를 이용해 대형주, 중소형주, 테마주에 맞는 자신만의 기법을 개발했고, 편의점 아르바이트로 모은 1,800만 원에서 시작해 4,000억 원 이상의 돈을 벌었다.

엔벨로프는 중심선과의 이격도를 나타내는 지표인데, 주가가 평균으로부터 멀어지면 다시 회귀하려는 성격을 가지고 있다는 전제하에 시작한다. 볼린저밴드와 마찬가지로 중심선, 상한선(저항선), 하한선(지지선)의 3개의 선으로 이뤄져 있다. 중심선을 기준으로 중심선으로부터 멀어진 이격의 %를 통해 상한과 하한을 나타낸다.

복잡해 보이지만, 볼린저밴드보다 훨씬 더 간단하다. 설정을 20-6으로 하면, 20일 이동평균선을 중심으로 잡고, 20일선으로부터 위아래 6% 지점에 상한선과 하한선이 나타나는 구조다.

이 6이라는 수치는 본인의 위험 감내도나 투자 성향에 맞게 변경해 엔벨로프를 활용할 수 있다. 우리나라에서는 보통 20-20을 많이 사용한다. 20일선으로부터 위아래 20% 지점에 엔벨로프 상한선

과 하한선이 생성된다는 의미다. 우리나라 주식시장에서는 20-20
의 수치가 가장 성공 확률이 높다고 한다.

엔벨로프를 이용한 매매 전략은 하한선에서 매수하고 상한선에
서 매도하는 것이 가장 일반적이다. 2020년 3월에 코로나 바이러스

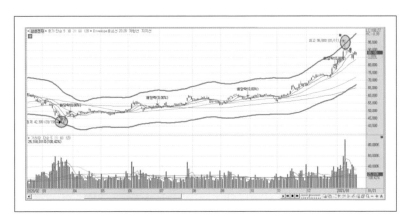

[그림 2-9] 삼성전자의 엔벨로프 차트에 나타난 저점과 고점

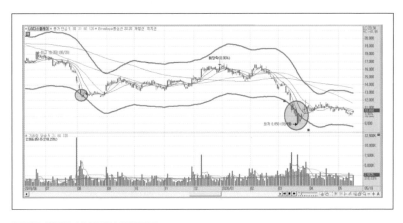

[그림 2-10] LG디스플레이 엔벨로프

주식단타로 매일매일 벌어봤어?

로 인해 전 세계의 주식시장이 폭락했을 때 엔벨로프는 삼성전자의 주식을 매수해야 한다고 말하고 있었다.

단기 매매에서는 보통 낙폭과대주를 매매할 때 엔벨로프를 많이 활용한다. 엔벨로프 하한선에 도달하거나 이탈할 때 매수하고, 반등해 하한선 안으로 진입하면 매도한다.(위 LG디스플레이 엔벨로프 참조)

혹은 주가가 엔벨로프 하한선을 이탈하고 하한선 안으로 재진입할 때 매수하는 방법도 있다.

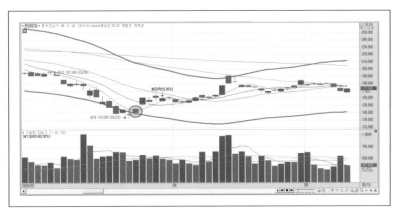

[그림 2-11] POSCO 엔벨로프

* 엔벨로프 설정법

(1) 차트창에서 차트 위에 마우스를 놓고 우클릭하고 지표겹치기를 선택한다.

(2) Envelope를 선택하고 적용을 누른다.

(1)   (2)

(3) Y축 표시 방법에서 '다음 지표와 Y축 공유'를 선택하고 '삼성전자'를 선택하고 확인을 누른다. 그러면 차트에 엔벨로프가 나타난다.

* 엔벨로프 설정 변경 방법

(1) 차트 위에서 엔벨로프라고 나타난 부분을 더블 클릭한다.

(2) 기본 설정은 20-20이다. 이곳에서 본인이 원하는 대로 설정을 변경할 수 있다.

(3) 라인 설정 탭에서 중심선, 상한선(저항선), 하한선(지지선)의 두께를 변경할 수 있다. 나는 상단선, 하단선을 빨간 색상과 너비 3mm로 설정했다. 이 부분은 볼린저밴드와 동일하다.

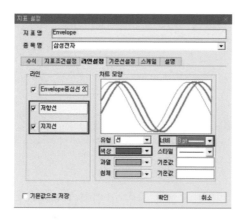

(4) 아래와 같이 엔벨로프가 두껍게 나타나서 이동평균선과 확실하게 구별이 됐다.

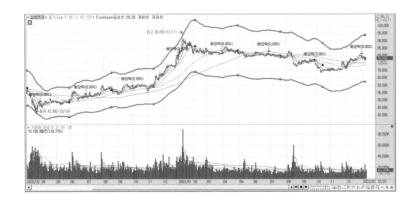

5] 주가가 상승할 때의 거래량 변화

주가는 거래량의 그림자라는 말이 있다. 거래량은 주식을 매수하려는 사람과 매도하려는 사람의 수요와 공급이 만나 실제 거래가 이뤄짐으로써 발생한 결과물이다. 따라서 주가는 인위적으로 만들 수 있어도 거래량을 인위적으로 만들기는 쉽지 않다. 실제 거래가 반드시 있어야 하기 때문이다. 그런 측면에서 거래량은 주가에 선행한다고도 볼 수 있다. 이 때문에 거래량은 주가 예측에 있어서 매우 중요한 지표로 인식된다. 그래서 거래량만 별도로 분석한 보조지표들도 출현하게 됐다. OBV(On Balance Volume), VR(Volume Raio), 클라이맥스 지표 등이 그 예다.

거래량의 선행성은 다른 보조지표들과 크게 차별되는 포인트다.

이동평균선이나 MACD, 스토캐스틱, 일목균형표 등의 일반적인 보조지표는 주가가 형성된 이후에 만들어지는 지표들이다. 주가에 후행한다는 의미인데, 이것은 반대로 누군가가 주가를 인위적으로 조작해 본인들의 의도대로 보조지표를 만들 수 있다는 것을 내포한다.

그래서 주식을 잘하는 사람들은 거래량을 중요시 여긴다. 하수들은 차트를 위에서 아래로 보지만, 고수들은 차트를 아래에서 위로 본다는 말도 있다. 하수들은 주가를 먼저 보고 나서 거래량을 보지만, 고수들은 거래량부터 먼저 확인하고 주가의 위치를 확인한다는 말이다.

거래량 차트는 주가 차트와는 해석의 방법이 약간 다르다. 전일보다 거래량이 늘어나면 양봉(빨간색)으로 나타나고, 전일보다 거래

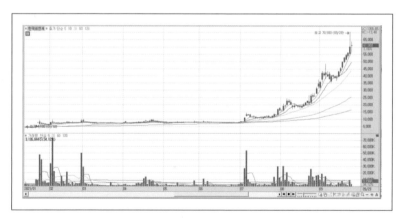

[그림 2-12] 2021년 최고의 주식 중의 하나인 한국비엔씨의 거래량

주식단타로 **매일매일** 벌어봤어?

량이 줄어들면 음봉(파란색)으로 나타난다.

너무나도 당연한 이야기지만, 주식을 사는 사람이 많으면 주가는 상승하고 주식을 파는 사람이 많으면 주가는 하락한다. 반대로 주식을 사는 사람이 적으면 주가는 하락하고 주식을 파는 사람이 적으면 주가는 상승할 확률이 높다.

주가가 오르면 매도심리가 강해져서 주가가 오를수록 매도물량은 많이 나오게 돼 있다. 하지만 누군가가 그 많은 물량을 다 사기 때문에 주가는 상승한다. 이 과정에서 거래량은 증가하게 된다.

주가가 하락하면 추가하락에 대한 두려움 때문에 매수심리가 약해져서 매수물량이 줄어든다. 이 과정에서 거래량은 감소하게 된다.

이처럼 주가의 등락에 따라 변동하는 투자자들의 투자 심리가 거래량에서 드러난다. 거래량의 기본은 상승 시 거래량 증가, 하락 시 거래량 감소다. 이와 반대되는 상황은 주가의 반전을 의미한다. 즉, 상승 시 거래량 감소는 하락 반전, 하락 시 거래량 증가는 상승 반전을 예고한다.

거래량과 주가의 일반적인 관계는 크게 다음과 같이 여덟 가지로 정리할 수 있다. 여기에 제시된 내용들을 이해하고 더 나아가 직접 차트를 보면서 예외적인 상황에 대해서도 연구를 병행하자.

(1) 상승 시의 거래량 증가는 좋은 신호다.
-대량 매수세의 유입을 의미한다.

(2) 하락 시의 거래량 감소는 좋은 신호다.
-매도세가 적다는 의미다.

(3) 고점에서의 대량거래 발생 시 주가는 하락할 확률이 높다.
-일반적으로 주가를 끌어올린 세력들의 이탈로 해석한다.

(4) 저점에서의 대량거래 발생 시 주가는 상승할 확률이 높다.
-일반적으로 매집으로 해석한다.

(5) 거래량이 감소하다가 점차 증가하면 주가는 상승할 확률이 높다.
-거래량의 증가는 매수세력의 증가를 의미해 매수세 유입으로 주가는 상승하기 쉽다.

(6) 거래량이 증가하다가 점차 감소하면 주가는 하락할 확률이

높다.

-거래량의 감소는 매수세력의 감소를 의미해 매수세 부족으로 주가는 하락하기 쉽다.

⑺ 고점에서 주가가 상승하는데도 거래량이 감소하면 주가는 하락할 확률이 높다.

-주가가 상승할 때의 거래량의 감소는 안 좋은 신호다. 매수세력이 매우 적다는 의미기 때문이다. 그러다가 매도세력이 나타나 거래량이 증가하면서 하락 반전하는 경우가 많다.

⑻ 저점에서 주가가 하락하는데도 거래량이 증가하면 주가는 상승할 확률이 높다.

-주가가 하락할 때의 거래량의 감소는 좋은 신호다. 매도세력이 매우 적다는 의미기 때문이다. 그러다가 매수세력이 들어와 거래량이 증가하면서 상승 반전하는 경우가 많다.

6) 선만 그으면 매매 신호가 나오는 추세선

추세는 영어로 트렌드(Trend)라고 하며 장기적으로 변화해가는 큰 흐름을 의미한다. 차트에 나타나는 주가의 움직임으로부터 추세를 도출해 추세선을 긋고 이를 활용해 매매하는 방식을 추세 매매라고 부른다. 차트가 낯선 초보자들에게는 추세가 쉽게 눈에 안 들어올 수 있다. 하지만 매우 쉽기 때문에 조금만 노력하면 금방 익숙해진다.

추세선은 HTS에서 자동으로 설정되지 않으며 본인이 직접 그어야 한다. 추세선은 차트 하단에 있는 대각선 모양의 도구를 클릭한 후에 차트의 원하는 구간에서 마우스를 드래그해 긋는다.

[그림 2-13] 차트 하단의 대각선 모양의 도구 클릭

추세는 두 가지 종류가 있는데, 상승하는 흐름에서의 상승 추세와 하락하는 흐름에서의 하락 추세다.

상승 추세는 저점을 연결해 만든다. 저점과 고점이 높아진다는 특징이 있다. 차트에서 보다시피 상승 추세선은 매수 포인트로 활용할 수 있다. 주가가 하락해 상승 추세선에 도달하면 매수하는 것이다. 이때 매수해 단기로 끝낼 것인지 아니면 중장기로 보유할지는 여러분들의 선택이다.

[그림 2-14] 상승 추세선의 매수 포인트

하지만 상승 추세선을 하락 이탈할 경우에는 매도 신호로 간주하고 물량을 정리한다. 추세선 이탈 시에는 손절 물량까지 함께 나오면서 하락폭이 커질 수 있다.

[그림 2-15] 상승 추세선 이탈은 매도 포인트

하락 추세는 고점을 연결해 만든다. 저점과 고점이 낮아진다는 특징이 있다. 하락 추세선은 매도의 포인트로 활용할 수 있다. 하락하는 가운데 주가가 반등해 하락 추세선에 도달하면 매도하는 것이다.

[그림 2-16] 하락 추세선의 매도 포인트

하락 추세선을 상승 돌파할 경우에는 매수 신호로 간주한다. 추세선을 돌파하면 추세매매를 추종하는 매수물량이 들어오면서 큰 상승을 보여줄 수 있다.

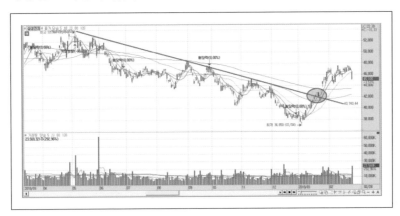

[그림 2-17] 하락 추세선 돌파는 매수 포인트

주식단타로 매일매일 벌어봤어?

2

심리를 나타내는 호가창과 체결창 분석

1) 상승이 예상되는 호가창

호가창은 단타를 할 때 주가의 흐름을 분석하고 예측하는 데 있어서 매우 중요한 요소다. 호가창 하나만으로 1, 2% 스캘핑을 하는 '호가창 매매'의 고수들도 많다. 호가창 매매는 다른 기법들과 달리 역사가 매우 길지는 않다. 증권사 HTS가 널리 보급된 이후에야 사람들이 호가창을 눈여겨보기 시작했기 때문이다.

주가는 투자자의 심리에 따라 움직이므로 이 심리를 잘 파악하는 것이 중요하다. HTS에서 투자 심리가 즉각적으로 반영되는 곳은 바로 호가창과 체결창이다. 이 움직임들이 틱·초·분 단위로 모여서 틱차트·초차트·분차트를 만드는 것이다. 이 곳에서의 은밀한 움직임을 파악해 시장 참여자들의 심리를 읽어내면 훨씬 더 유리한 게임을 전개할 수 있다. 호가창과 체결창을 한 번에 볼 수 있는 화면은 현재가창이다.

매수호가에 있는 매수 대기물량들을 모두 합한 수량을 매수 총잔량이라 하고, 마찬가지로 매도호가에 있는 매도 대기물량들을 모두 합한 수량을 매도 총잔량이라 한다. 아래 삼성전자의 현재가창에서 매도 총잔량은 1,425,349주고 매수 총잔량은 880,594주다.

여기서 매도 총잔량과 매수 총잔량의 비율을 잔량비라고 한다. 그

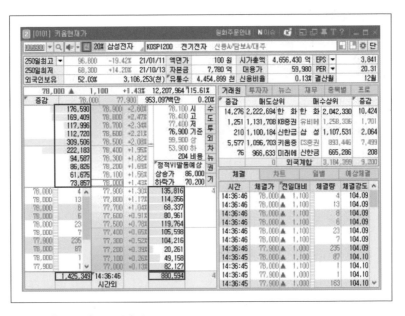

[그림 2-18] 현재가창에서의 호가

주식단타로 매일매일 벌어봤어?

림에서의 매도 총잔량과 매수 총잔량의 비율은 1,425,349:880,594이 므로, 잔량비는 대략 2:1이 된다. 어떤 트레이더들은 이 잔량비의 변화를 보면서 매매하기도 한다.

매수 우위의 호가창이라는 것은 매수 총잔량이 매도 총잔량보다 많다는 뜻이고, 매도 우위의 호가창이라는 것은 매도 총잔량이 매수 총잔량보다 많은 경우를 말한다. 위의 삼성전자는 매도 총잔량이 매수 총잔량보다 많으므로 매도 우위의 호가창이다.

> 매수 우위의 호가창: 매수 총잔량 〉 매도 총잔량
> 매도 우위의 호가창: 매도 총잔량 〉 매수 총잔량

매수 우위의 호가창과 매도 우위의 호가창 중에서 상승 확률과 하락 확률이 높은 호가창은 어떤 것일까? 보통 사람들은 매수하려는 사람이 많아 보이는 매수 우위 호가창의 상승 확률이 더 높다고 생각하고, 매도하려는 사람이 많아 보이는 매도 우위 호가창의 하락 확률이 더 높다고 생각하기 쉽다. 하지만 실제로는 반대다. 매도 우위 호가창의 상승 확률이 더 높고 매수 우위 호가창의 하락 확률이 더 높다.

상승할 것으로 예상되는 종목들은 매수자와 매도자의 입장에서 각각의 특징이 있다. 매수자들은 낮은 가격의 매수호가에 사려고 기다리지 않고 바로 사려 한다. 낮은 가격에 사려고 기다리다가 놓치느니 더 오르기 전에 지금이라도 바로 매수를 하겠다는 뜻이다. 그래서 매수를 대기하는 매수호가의 물량이 적을 수밖에 없다. 동시에, 매도자의 입장에서는 주가가 더 오를 것으로 예상하기에 현재 가격보다 높은 가격에 매도 주문을 넣고 기다리게 된다. 그러면서 매도호가의 물량들만 쌓이게 된다. 결과적으로, 상승이 예상되는 경우에는 매수 총잔량보다 매도 총잔량이 더 많은 매도 우위를 나타낸다.

이것은 최근의 부동산 시장에서 높은 시세임에도 영혼을 끌어모아 부동산을 매수하는 것과 같은 이치다. 지금 아파트의 가격이 10억이라 할 때, 이 아파트의 가격이 더 오를 거라 생각되면 매수자의 입장에서는 영끌해서 10억에 바로 사지, 8억이나 9억에 기다리지는 않는다. 그리고 매도자의 입장에서는 더 오를 것 같으니까 11억이나 12억에 내놓고 대기하지 지금 10억에 바로 팔지는 않는다. 가격이 오를 것으로 예상되니까 바로 사는 사람은 많고 낮은 가격에 대기하는 사람은 적으며, 높은 가격에 팔려고 하는 사람은 많이 나타난다. 이러한 심리가 호가창에서는 매도 우위로 나타나는 것이다.

반대로, 하락할 것으로 예상되는 종목들은 사람들이 높은 가격의 매도호가에 팔려고 기다리지 않고 낮은 가격의 매수가격에 바로 파는 경향이 있다. 더 하락하기 전에 지금이라도 팔겠다는 것이다. 같은 이유로 이 주식을 사려는 사람은 바로 사기보다는 좀 더 낮은 가격에 사려고 매수호가에 주문을 넣고 기다리게 된다. 결과적으로 하락이 예상되는 종목은 매수 총잔량이 매도 총잔량보다 많은 매수우위의 호가창을 나타낸다.

호가창을 보다 보면 매수호가나 매도호가에 다른 호가보다 유난히 큰 수량의 물량이 나와 있는 경우를 종종 발견하게 된다. 아래 로보로보 현재가창에서는 9,500원에 나와 있는 매도호가 물량 23,676주와 9,400원에 있는 매수호가 물량 19,646주가 해당된다.

[그림 2-19] 호가창의 큰 물량

보통 이런 대량 물량들이 있는 가격대는 지지나 저항이 예상되는 지점에 많다. 일봉과 분봉의 전저점이나 전고점 혹은 이동평균선일 확률이 높다. 이 대량 물량들은 심리적으로 지지와 저항의 역할을 한다. 9,500원에 있는 대량 매도물량은 주가가 이 이상 상승하기는 어려울 것으로 생각하게 만들어 저항대를 형성한다. 따라서 매도를 원하는 사람들은 9,500원 아래에서 매도를 하는 경향이 많다. 하지만 큰 매도물량이 걸려있는 이 가격을 돌파하면 저항을 돌파했다고 생각해 매수세가 더 유입되며 추가 상승하기도 한다.

그와 동시에, 9,400원에 있는 19,646주의 대량 매수물량은 주가가 이 이하로 하락하기는 어려울 것으로 생각하게 만들어 지지대를 형성한다. 따라서 매수하려는 사람들은 9,400원 위에서 매수를 하는 경향이 많다. 하지만 큰 매수물량이 걸려있는 이 가격을 이탈하면 지지를 못 받았다고 생각해 투매가 나오며 추가 하락하기도 한다.

이처럼 호가에 나와 있는 대량매물은 투자 심리에 영향을 미치기 때문에 이를 역이용하는 세력들도 있다. 이것을 허매수·허매도 물량이라고 부른다. 개인들의 매매를 유도하기 위해 허위로 대량의 매물을 만들어 호가창에 나타나게 하는 것인데, 이것은 매수 총잔량과 매도 총잔량에도 영향을 미친다. 허매수·허매도의 특징은 현재 거래되고 있는 가격과는 멀리 있는 호가에 나타난다는 것이다. 현재가와 가까우면 실제로 체결될 확률이 높아서 허매수·허매도의 역할을 못하기 때문이다. 현재가와 가깝다면 진짜 체결 의도를 가진 물량일 확률이 높다.

매수호가 하단에 대량의 매수물량이 존재한다면 사람들은 주가가 여기서 지지받을 것으로 예상하고 이 부근에서 매수하려는 심리가 있다. 그런데 주가가 하락해 이 물량이 걸려있는 가격 부근에 오면 매수 체결을 시키는 것이 아니라 갑자기 사라진다. 실제로 매수할 의도가 있는 물량이었다면 이렇게 취소할 이유가 없다. 따라서 이것은 개인들의 매수를 유도하기 위한 가짜 매수물량으로 추정할 수 있고 이것을 허매수라 부른다. 개인들의 매수를 유도해 본인들의 물량을 넘길 때 주로 사용한다.

허매도는 허매수와 반대의 상황이다. 매도호가 상단에 대량의 매도물량이 존재한다면 사람들은 주가가 여기서 저항을 받을 것으로 예상하고 이 부근에서 매도하려는 심리가 있다. 그런데 주가가 상승해 이 물량이 걸려있는 가격 부근에 오면 매도 체결을 시키는 것이 아니라 갑자기 사라진다. 실제로 매도할 의도가 있는 물량이었다면 이렇게 취소할 이유가 없다. 따라서 이것은 개인들의 매도를 유도하기 위한 가짜 물량으로 추정할 수 있고 이것을 허매도라 부른다. 개인들의 매도를 유도해 본인들의 물량을 매집할 때 주로 사용한다.

그러나 이게 100% 맞는 것은 아니다. 상황마다 다르다. 최근에는 오히려 허매수와 허매도를 역이용하는 사례들도 나오고 있다. 하락의 징조로 여기는 허매수를 일부러 만들어서 매도를 유발한 뒤에, 그 매도하는 물량을 다 모으고 나서 주가를 올리는 경우도 있다. 따라서 일방적인 선입견보다는 다양한 가능성을 염두에 두고 주가의 흐름을 익히는 것이 필요하다.

2) 다양한 호가창 패턴 분석

호가창은 매수호가 10개와 매도호가 10개, 총 20개로 구성돼 있다. 매수호가창은 우측 하단에 위치하며 위에서부터 아래 방향으로 매수 1호가부터 매수 10호가까지를 보여준다. 매도호가창은 좌측 상단에 위치하고, 아래에서부터 위 방향으로 매도 1호가부터 매도 10호가까지 각각 10개의 호가와 물량을 보여준다. 호가창에 있는 대기물량의 숫자 바로 뒤에는 그 비율에 따라 막대그래프가 수평으로 나타난다. 이 그래프에 따라 호가창은 다양한 패턴을 보여준다.

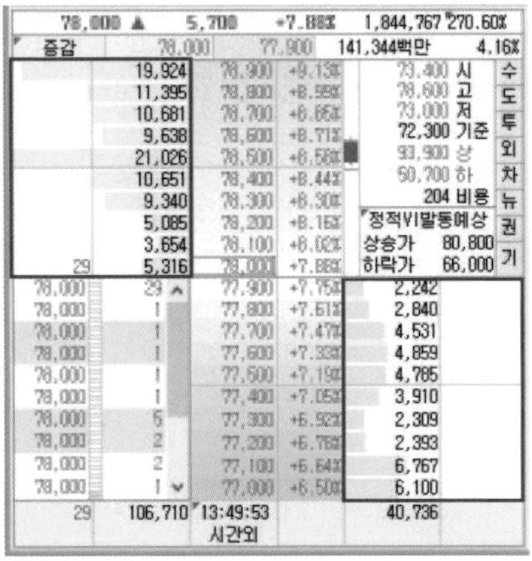

[그림 2-20] 매도호가와 매수호가 (호가창의 큰 물량들은 막대그래프도 길게 나타난다)

(1) 매도호가의 대표적인 패턴

①: 매도호가마다 물량들이 꽉 차있고 유난히 적은 수량의 호가가 거의 없다. 매수매도에 상관없이 이렇게 꽉 차있는 호가창을 '벽돌'이라고 부르기도 한다. 보기만 해도 답답하다. '과

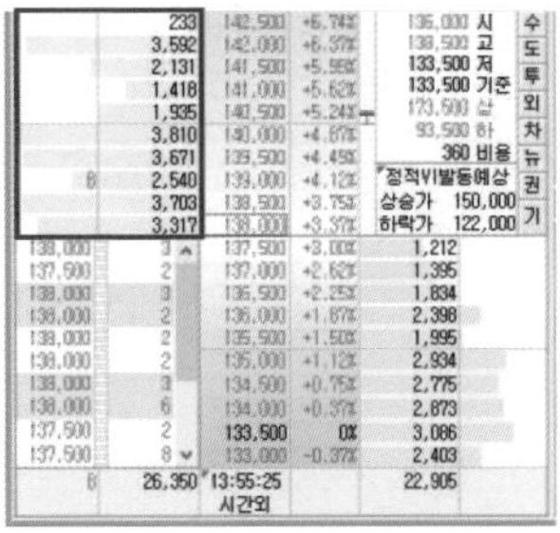

[그림 2-21] 벽돌형(매도호가)

연 이 많은 물량을 다 소화하며 주가가 상승할 수 있을까?'라는 의구심을 불러일으킨다. 하지만 아이러니하게도 이런 매도호가창의 상승 확률이 더 높다. 그 이유는 앞에서 매도 우위 호가창에서 설명했다. 보통 한 호가당 수익률 차이가 많이 나는 1만 원·10만 원대 주식에서 이런 패턴이 특히 자주 나타난다.

②: 매도 1, 2호가와 9, 10호가에만 물량이 많고 가운데로 갈수록 물량이 줄어드는 특징을 나타낸다. 매도 1, 2호가의 물량만 잡아먹으면 9, 10호가까지는 금방 올라갈 것이라는 착각을 불러일으킨다. 그래서 이 호가 사이의 수익을 취하려는 사람들이 도전한다. 하지만 막상 매도 1, 2호가의 물량을 다 살지라도 또 다른 매도물량이 매도 3, 4호가에 등장하면서 주

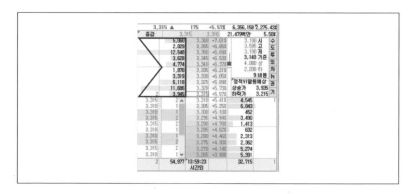

[그림 2-22] 가운데 움푹형(매도호가)

주식단타로 매일매일 벌어봤어?

가 상승을 누른다.

③: 매도 1호가에서 10호가로 올라갈수록 물량이 많아지는 모습이다. 매도 1~3호가의 물량이 적기 때문에 조금만 매수세가 들어와도 쉽게 가격이 변하며 가격 변동이 심하게 일어난다. 하지만 주가가 상승할수록 대기 매도세가 지속적으로 출현하면서 주가 상승을 방해한다. 쉽게 주가가 오를 것 같지만 의외로 쉽지 않다.

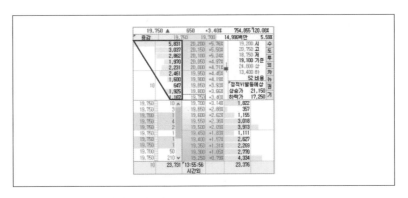

[그림 2-23] 역직각 삼각형(매도호가)

(2) 매수호가의 대표적인 패턴

①: 매수 1호가에서 10호가로 아래로 내려갈수록 호가의 물량이 많은 패턴이다. 매수 1~3호가의 물량이 적기 때문에 조

금만 매도세가 들어와도 쉽게 가격이 변한다. 많은 물량을 매
도하려는 사람의 입장에서는 물량 정리가 쉽지 않아서 까다
로운 패턴이다. 하지만 주가가 내려갈수록 대기 매수세가 유
입되는 경우가 많아서 쉽게 주가가 하락하지는 않는다. 한편,
아래에 있는 대량매수들은 허매수일 수도 있으니 주의해야
한다.

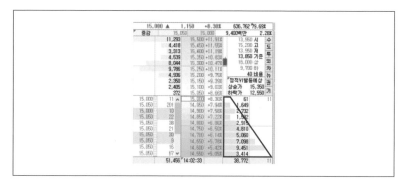

[그림 2-24] 역직각 삼각형(매수호가)

②: 매수 1, 2호가와 매수 9, 10호가에 많은 물량이 쌓여있고
가운데 호가에는 상대적으로 적은 물량들이 포진해 있다. 매
수 1, 2호가가 뚫리면 쉽게 주가가 하락할 것 같은 불안 심리
를 유발한다. 그래서 매도하려는 사람들은 가급적 매도를 서
두르게 되고, 매수하려는 사람들은 천천히 매수하려 한다. 마
찬가지로 매수 9, 10호가의 물량은 허매수일 수도 있으니 주

주식단타로 매일매일 벌어봤어?

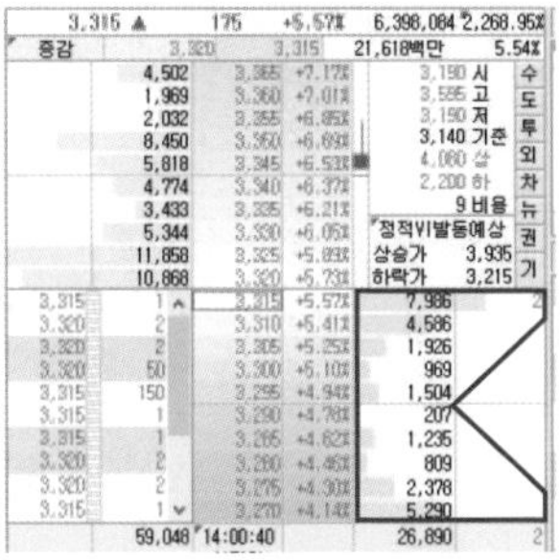

[그림 2-25] 가운데 움푹형(매수호가)

의해야 한다.

③: 매수호가별로 빼곡히 물량들이 차있는 '벽돌'형이다. 매수 물량이 많아서 보통 매수 우위의 잔량비를 나타낸다. 일반 사람들은 이 물량들을 보고 쉽게 주가가 하락하지 않을 거라고 생각하지만, 실제로는 하락 확률이 더 높다. 이유는 앞에서 매수 우위 호가창에 대해 설명한 부분에 나와 있다.

[그림 2-26] 벽돌형(매수호가)

3) X-ray로 호가창 물량 분석하기

호가창의 매물들에 대해 보다 더 자세히 알고 싶다면 키움증권의
[1401] X-ray창을 활용한다. 호가창의 우측에 숫자들이 추가적으
로 더 나와 있다. 이것은 각 호가에 포함돼 있는 큰 물량들을 대표
적으로 보여준다.

현재 매도 1호가에는 89,509주가 걸려있다. 이것을 한 명이
89,509주를 내놓은 것인지 아니면 여러 사람들의 매도물량이 모

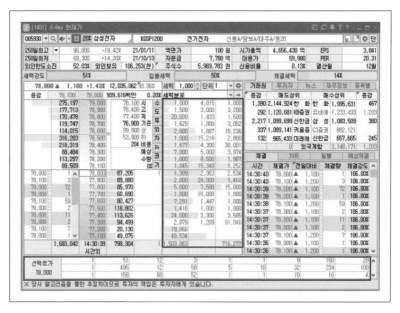

[그림 2-27] 1401 X-Ray 현재가창

주식단타로 매일매일 벌어봤어?

여서 89,509주를 이루고 있는 것인지 알고 싶을 때 이 X-ray창을 활용한다. X-ray창에 따르면 매도 1호가의 89,509주는 1,045주, 15,343주, 8,252주의 매도주문을 포함하고 있다.

특정 가격의 호가 물량들을 보다 더 자세히 알고 싶다면 호가창 안에 나타난 그 가격을 클릭한다. 그러면 호가창 아래에 있는 하얀 색 표에 숫자들이 나타난다. 호가를 구성하고 있는 물량이 주문별로 하얀색 표 안에 표시되는 것이다. 앞의 X-Ray 호가창은 삼성전자 호가창에서 매수 1호가인 78,000원을 클릭해 78,000원의 매수주문 안에 있는 호가물량들을 확인한 결과다. 1주씩 매수주문을 넣은 것 도 보이고, 51주, 495주, 158주의 매수주문을 넣은 것도 보인다.

실제로 매매를 하다 보면 다양한 형태의 호가창이 나타난다. 호 가창은 글이나 말로 100% 다 설명하기 어려운 부분이 많다. 스스 로 그 형태와 흐름을 느끼는 것이 중요하다. 호가창을 자주 보면서 관찰하고 연구하는 것이 필요하다. 호가창을 실시간으로 볼 수 없 다면 키움증권의 [0609] 주식시세복기·차트를 활용하거나 시중에 서 제공하는 서비스를 이용해서 지난 호가창을 복기하는 것도 좋은 방법이다.

[그림 2-28] 키움증권의 [0609] 주식시세복기·차트

4) 상승하는 체결창의 흐름

체결창은 현재가창의 왼쪽 아래에 나타나며 현재 체결되고 있는
수량을 시간순으로 나타낸다. 호가창에 대기하고 있는 주문의 물량
이 아니라 이미 체결된 물량을 실시간으로 보여준다. 특이한 점은
어떤 숫자는 빨간색이고 어떤 숫자는 파란색을 띤다는 것이다. 이
색의 의미는 매수호가의 가격에 체결된 물량인지 혹은 매도호가에
체결된 물량인지를 뜻한다.

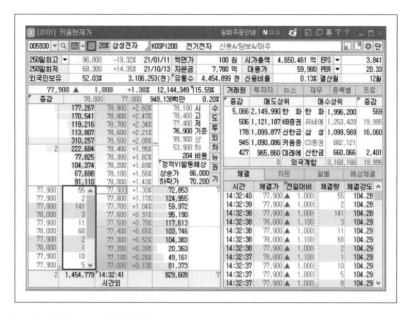

[그림 2-29] 체결량의 색상 구분

삼성전자의 호가창에서 현재 매수 1호가는 77,900원이고 매도 1호
가는 78,000원이다. 매수자가 바로 사고 싶은 마음에 매도 1호가인
78,000원에 매수를 하면, 체결창에 체결수량이 빨간색으로 표시된다.
앞의 체결창에서 빨간색으로 나와 있는 3, 68, 1이 그 예다. 반대로 매
도하려는 사람이 바로 팔고 싶은 마음에 매수 1호가인 77,900원에 파
는 경우에는 체결창에 체결수량이 파란색으로 표시된다. 앞에 체결창
에서 파란색으로 나와 있는 55, 2, 141, 11, 2, 10, 5다.

그런데 매수자가 바로 사지 않고 매수 1호가에 매수주문을 넣고
기다리는 경우에는 어떻게 될까? 이때는 매도자가 매수 1호가로

내려 팔아야 매수주문이 체결된다. 그래서 이때는 매수 체결이 돼도 체결창에는 파란색으로 나타난다. 같은 원리로 매도자가 바로 팔지 않고 매도 1호가에 매도주문을 하고 기다리는 경우에는 매수자가 매도 1호가로 올려 사야 매도주문이 체결되므로 체결창에는 빨간색으로 표시된다.

즉, 체결창의 빨간색은 위로 올려 샀다는 의미고 파란색은 아래로 내려서 팔았다는 의미다. 그럼 체결창에 어떤 색이 많아야 좋을까? 당연히 빨간색이 많아야 좋다. 그만큼 위로 올려서 사는 사람이 많다는 의미이므로 주가가 상승할 확률이 높기 때문이다.

도대체 단주는 무엇을 의미하는 것일까?

체결창에서 동일한 숫자의 체결량이 연속해서 이어지는 경우를 자주 볼 수 있다. 체결창을 유심히 본 사람이라면 자주 봤을 것이다. 보통은 1이 연속되는 경우가 가장 많다. 이런 체결량을 단주라 부른다. 단주의 원래 의미는 10주 미만의 물량을 뜻하는데, 최근에는 동일한 숫자의 체결량이 연속해서 이어질 때 이 숫자를 단주라 부른다. 이 단주 거래는 왜 일어나는지 그리고 어떤 의미를 가지고 있는지에 대해 많은 사람들이 궁금해한다. 여기에 대해서는 대체적으로 세 가지의 설명이 존재한다.

(1) 사람들의 관심 유도

단주를 이용해 극히 적은 수량으로 계속해서 사고파는 거래를 일으킨다. 그러면 호가가 계속 움직이기 때문에 현재가창과 관심종목 창 등에서는 거래가 활발히 이뤄지고 있는 것으로 보인다. 이를 통해 사람들의 관심을 끌면서 매수를 유도한 후에 개인들에게 물량을 넘길 확률이 높다. 따라서 주가가 고점일 때 이런 단주 거래가 있으면 조심하는 편이 좋다.

(2) 체결량 은폐

대량 매수나 매도를 했을 때 본인들의 체결량이 공개적으로 드러나는 것을 꺼려해 체결창에 체결량이 안 나타나게 하기 위해서 단주 거래를 발생시키기도 한다. 새로운 체결량이 생기면 기존 체결량은 아래로 밀려나면서 안 보이게 되는 체결창의 특징을 이용한 것이다. 대량 체결 이후 1주짜리 거래를 빠르게 10번 이상 발생시키면 대량 체결 물량은 1주짜리 체결량 10개에 아래로 밀려나서 사라진다.

(3) 가격 유지

적은 돈으로 가격을 유지하기 위해서다. 예를 들어 자신들이 많은 물량을 매수하고 싶은데 매도 1호가에 물량이 충분하지 않다면 매도 2, 3, 4호가까지 올려서 사야 하는 경우가 발생한다. 그러면 물량은 확보할 수 있으나 매수가격이 높아지기 때문에 좋은 방법은 아니다. 그래서 한 번에 다 사는 것이 아니라 단주 거래로 계속 조금씩 사 모으는 방식을 택한다. 그리고 큰 매도물량이 매도 1호가에 나오면 많이 사고, 남은 잔량에 대해 또다시 단주로 계속 매수를 하며 본인들의 매수 단가를 유지시키는 것이다.

이번에는 반대의 상황을 설정해보자. 자신들이 많은 물량을 매도하고 싶은데 매수 1호가에 물량이 충분하지 않다면 매수 2, 3, 4호가까지 낮춰서 팔아야 한다. 그러면 물량은 매도할 수 있으나 매도가격이 낮아지기 때문에 좋지 않다. 그래서 매수 1호가의 가격에 단주로 계속 조금씩 판다. 그 사이에 큰 매수물량이 매수 1호가에 나오면 여기에 많이 팔고, 남은 잔량에 대해 또다시 단주로 계속 매도를 하며 본인들의 매도 단가를 유지시키는 것이다.

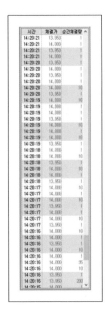

[그림 2-30] 단주

주식단타로 매일매일 벌어봤어?

체결 강도

현재가창을 보면 우측 하단에 체결 강도가 나온다. 이것은 특정 시간 동안에 체결된 매수수량과 매도수량의 비율을 의미하는데, 매수세가 많은지 아니면 매도세가 많은지를 나타낸다. 체결된 매수수량과 매도수량이 동일하면 체결 강도는 100%고, 체결 강도가 100%보다 높으면 매수 체결량이 많다는 것으로 매수세가 강하다는 의미다.

반면 체결 강도가 100%보다 낮으면 매도 체결량이 많다는 것으로서 매도세가 강하다는 의미다. 이 이론만 본다면 체결 강도가 높

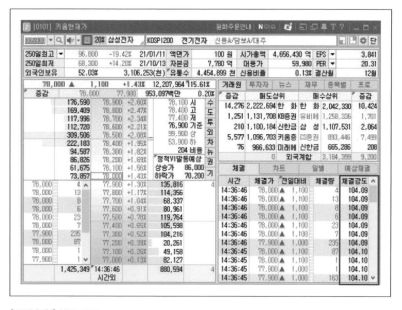

[그림 2-31] 체결 강도

을수록 상승 확률이 높다는 뜻인데, 실제 트레이딩에서는 거의 사
용하지 않는다.

3

시장을 움직이는
거시경제 지표 분석

1) 경제의 온도를 나타내는 금리

금리는 쉽게 말하면 이자율이다. 돈을 빌리거나 빌려줄 때 발생하는 이자를 원금에 대한 백분율로 표시한 것이다. 현실에서는 이러한 거래가 워낙 많다 보니 금리의 종류 역시 굉장히 다양하다. 하지만 주식시장에서는 기준금리만 알면 된다. 기준금리에 대해서는 아래에서 설명한다.

금리는 소비, 물가, 투자 등 각종 경제 활동에 직접적인 영향을 미치므로 경제의 온도계라 부르기도 한다. 금리가 상승하면, 은행의 예금금리와 대출금리가 동시에 상승한다. 그러면 사람들은 안정적이고 높은 은행 예금 이자를 받기 위해 주식, 채권, 부동산 등에 대한 투자와 소비를 줄이고 저축을 늘리게 된다. 그리고 대출금리가 높아지므로 이자 부담을 덜기 위해 투자와 소비를 줄이고 대출을 상환한다. 소비가 감소하므로 물가도 안정적으로 변한다. 이런 효과들로 인해 금리 인상은 경제 활동을 위축시키고 경제성장률을 낮추며 주식시장에도 부정적인 영향을 끼친다.

한편, 금리가 상승하면 채권을 중심으로 운용하는 보험회사들은 채권의 이자 수익이 증가하고, 예금금리와 대출금리의 차이를 수익으로 취하는 은행들은 예대 금리차가 확대될 것으로 기대되기 때문에 보험업과 은행업의 금융주가 금리 인상 수혜주로 불린다.

금리가 하락하면, 은행의 예금금리와 대출금리가 동시에 하락한다. 그러면 사람들은 은행의 저축 이자가 낮으므로 저축을 줄이고 소비를 늘린다. 그리고 더 많은 투자 수익을 위해 주식, 채권, 부동산 등에 대한 투자를 하게 된다. 그리고 대출금리도 낮아지므로 이자 부담이 감소해 대출을 받아서 투자와 소비를 확대한다. 소비가 증가하므로 물가도 상승하며, 판매가격 상승으로 이윤이 많아진 기업들은 투자를 확대해 고용도 증가한다. 이런 효과들로 인해 금리 인하는 경제 활동을 확장시키고 경제성장률을 높이며 주식시장에도 긍정적인 영향을 끼친다.

한편, 금리가 하락하면 낮은 금리로 인해 은행 저축보다는 주식에 대한 투자 수요가 증가하면서 증권업에 긍정적인 영향을 미치며, 대출 비중이 높아서 금리 인하로 차입 비용을 줄일 수 있는 건설업·조선업종의 실적 개선이 기대된다. 그래서 증권, 건설, 조선 업종은 대표적인 금리 인하 수혜주다.

*금리 인상 수혜주: 보험, 은행
*금리 인하 수혜주: 증권, 건설, 조선

금리가 경제에 큰 영향을 미치는 특성을 이용해 각국 정부는 때로는 금리를 인상하고 때로는 금리를 인하하면서 국가 전체의 경제 활동을 조정한다. 이를 정책금리 또는 기준금리라고 부르는데, 정확히는 해당 국가의 중앙은행이 기준금리를 결정한다. 향후 경제 상황이 안 좋을 것으로 예상되면 중앙은행은 금리를 인하해 경기를 부양하고, 향후 경기가 과열일 것으로 예상되면 금리를 인상해 경기를 안정시킨다. 이 기준금리에 맞춰 일반 은행들이 예금금리와 대출금리를 변동시키면서 중앙은행의 의도에 맞게 경제 전반에 걸쳐 영향을 끼치게 된다.

기준금리를 결정하는 한국의 중앙은행은 한국은행이고 중국은 인민은행이며 일본은 일본은행이다. 미국의 중앙은행은 12개의 은행으로 구성된 연방준비제도 이사회(FRB-Federal Reserve Banks)이며, 연방공개시장위원회(FOMC-Federal Open Market Committee)에서 미국의 기준금리를 결정한다. FOMC 회의는 1년에 8번 열리는데 전 세계의 경제와 주식시장에 큰 영향을 미칠 수 있기 때문에 회의가 열릴 때마다 전 세계 투자자들의 이목이 집중된다.

*기준금리 확인 방법 : N사 포털 사이트

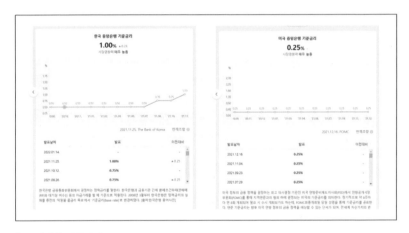

[그림 2-32] 기준금리

한편, 금리는 환율에도 영향을 미친다. 국가 간의 금리 차이에 따라 환율이 달라질 수 있기 때문이다. 한국과 일본의 금리가 3%로 동일한 상태에서 한국이 금리를 5%로 올리면, 글로벌 투자자들은 당연히 더 높은 이자를 주는 한국의 은행에 예금을 하려 할 것이다. 그러기 위해서는 외국 화폐를 한국 돈으로 바꿔야 하는데, 이 과정

주식단타로 매일매일 벌어봤어?

에서 한국 돈에 대한 수요가 높아지면서 원화의 가치가 올라가는 원화 강세가 나타난다. 즉, 금리를 인상하면 환율은 하락한다. 환율에 대해서는 바로 다음에 자세히 설명한다.

하지만 반대로, 한국이 금리를 3%에서 1%로 내리면, 글로벌 투자자들은 당연히 더 높은 이자를 주는 일본의 은행에 예금을 하려 할 것이다. 그러기 위해서는 한국 돈으로 투자한 자산을 매도해서 일본 엔화로 바꿔야 하는데, 이 과정에서 한국 돈에 대한 수요가 낮아지면서 원화의 가치가 하락하는 원화 약세가 나타난다. 즉, 금리를 인하하면 환율은 상승한다.

2) 돈의 상대적 가치, 환율

환율은 주식시장에 막대한 영향력을 가지고 있는 외국인 투자자의 수급과 밀접한 연관이 있는 매우 중요한 지표다. 그래서 외국인의 수급이 유입되고 있는지 이탈하는지 확인하기 위해서는 항상 환율을 잘 살펴야 한다. 외국인 투자자들은 한국시장에 투자하기 위해서는 원화로 환전을 해야 하는데, 이 과정에서 주가의 변동이 없어도 단지 환율의 움직임에 따라 수익과 손실이 달라지기 때문이다. 즉 외국인 투자자의 입장에서는 주가 외에도 환율이라는 변수에 의해서도 투자 수익이 달라지는 구조다. 따라서 외국인들은 주가뿐만 아니라 환율에도 민감하게 반응을 할 수밖에 없다.

우선, 환율의 기본 원리에 대해 알아야 한다. 환율은 서로 다른 화폐의 교환비율을 의미한다. 나라별 화폐의 상대적 가치를 비교하는 수단이다. 환율의 표시 방법은 외국 화폐 1단위를 자국 화폐 단위로 표시하는 것이 원칙이다. 1달러=1,200원, 1유로=1,500원, 이런 방식으로 외국 화폐 1단위가 먼저 나오고 그 뒤에 원화 가격이 나타난다.

환율 상승은 우리 원화 가격의 상승을 말한다. 즉, 1달러가 1,200원에서 1,300원으로 상승했을 때 혹은 1유로가 1,500원에서 1,600원으로 상승했을 때를 뜻한다. 반대로 환율 하락은 우리 원화 가격의 하락을 말하는데, 1달러가 1,200원에서 1,100원으로 하락했을 때 혹은 1유로가 1,500원에서 1,400원으로 하락했을 때를 뜻한다.

환율의 상승은 우리 원화 가치의 하락을 의미한다. 1달러=1,200원일 때는 1,200원으로 1달러를 살 수 있었는데, 1달러=1,300원으로 환율이 상승하면 이제 1달러를 얻기 위해 1,300원이 필요하게 된다. 똑같은 1달러로 바꾸기 위해 이제는 100원이 더 필요해진 상황이므로 원화의 가치가 하락한 것이다. 이것을 원화 약세라고 부르고 원화가 평가절하됐다고 말한다. 같은 원리로, 환율의 하락은 원화 가치의 상승이므로 원화 강세라고 부르고 원화가 평가절상됐다고 말한다.

환율의 변동에 의해 발생한 수익을 환차익이라고 하고 환율의 변동에 의한 손실을 환차손이라고 부른다. 이번에는 외국인 투자자들은 어떤 경우에 환차익과 환차손이 발생하는지 알아보자. 환율이 1달러=1,200원인 상황에서 외국인이 원금 1달러를 한국에 투자를 한다고 가정하자. 이 외국인은 우선 원화로 환전을 해야 하는데, 환율이 1달러=1,200원이므로 외국인은 환전 후에 한국 돈 1,200원을 받게 된다. 그리고 이 1,200원으로 1,200원짜리 주식 1주를 매수했다.

그런데, 이 주식의 주가는 1,200원으로 동일하게 유지되고 있는 상태에서 환율만 상승해서 1달러=1,300원이 되면 이 외국인의 투자 결과는 무엇이 달라질까? 주가가 그대로이므로 아무런 변화가 없는 것일까? 그렇지 않다. 주가는 변하지 않았지만, 환율이 변했기 때문에 외국인의 자산에도 변화가 생겼다. 중요한 포인트는 외국인의 투자 원금이 기준이므로 원화 기준이 아니라 달러로 환산해 달러 기준으로 투자 결과를 평가해야 한다는 것이다.

외국인이 이 주식을 매도하면 주가가 1,200원이므로 원화 1,200원이 계좌로 들어온다(세금과 수수료는 무시). 그런데 이 1,200원으로는 이제 1달러를 얻을 수가 없다. 환율이 1달러=1,300원으로 변했기 때문이다. 이제 1달러를 얻기 위해서는 1,300원이 필요하다는 의미다. 하지만 외국인은 1,200원밖에 없으므로 100원을 손실 본 것이다. 1,200원으로는 1달러가 아닌, 0.92달러만 얻을 수 있다. 결과적으로 주가는 그대로지만 환율 변동으로 인해 원금 1달러가 0.92달러가 됐다. 이 외국인의 입장에서는 0.08달러의 손실을 입게 된 것이다.

그렇기 때문에 환율이 상승하면 외국인의 입장에서는 주가에 상관없이 투자 손실이 발생하므로 한국시장에서 이탈하려 한다. 이것은 주식시장에서 외국인의 매도로 나타나 주식시장에 하락 압력을 높인다. 따라서 환율 상승은 단기적인 관점에서 수급적으로 주식시장에 부정적이다. 반대로, 같은 이치에 의해 환율 하락은 외국인 투자자의 유입을 불러올 수 있으므로 단기적으로는 주식시장에 긍정적이다.

서두에 말한 대로 외국인 투자자들은 주식의 가격변동과 함께 환율에 따른 움직임에 의해서도 수익이 결정되는 구조이므로 주가뿐만 아니라 환율에 민감할 수밖에 없다. 시장의 단기적인 수급 차원에서 환율도 유심히 살펴보는 습관을 갖자.

*환차익: 환율이 변하면서 자국 통화로 평가한 자산의 가치가 변동하게 돼 발생한 이익

*환차손: 환율이 변하면서 자국 통화로 평가한 자산의 가치가 변동하게 돼 발생한 손실

*환헤지: 환율 변동에 따른 위험을 제거하기 위해 투자 상품을 이용해 환율을 원하는 수준으로 고정시킨 것과 같은 효과를 얻는 방법

환율과 관련해 한 가지 놓쳐서는 안 될 것이 있다. 환율의 변동에 따른 수혜주와 피해주를 알고 이를 활용하는 것이다. 환율 상승은 우리 수출품의 가격을 낮추는 효과가 있다. 1달러=1,200원일 때는, 외국인의 입장에서 1달러로 1,200원의 물건을 구매할 수 있다. 환율이 상승해서 1달러=1,300원이 되면 이제는 외국인이 1달러로 1,300원 어치의 물건을 구매할 수 있기 때문에 1달러의 구매력이 높아진다. 이것은 우리나라 제품의 현지 판매 가격이 낮아지는 효과를 만들어서 수출이 늘어나게 되고 이와 관련된 기업들의 실적이 증가할 것으로 기대된다. 따라서 환율 상승 시에는 IT, 자동차, 조선 등 수출 기업들의 주가가 오르는 경향이 있다.

[그림 2-33] 환율 확인: 키움증권 0742 화면

반대로, 환율의 하락은 우리 수출품의 가격을 높이는 효과가 있고 우리가 수입하는 수입품들의 가격이 낮아지는 효과가 있다. 1달러=1,200원일 때는, 우리가 1달러의 물건을 수입하기 위해 1,200원이 필요했다. 하지만 환율이 하락해서 1달러=1,100원이 되면 이제는 1,100원으로 1달러의 물건을 수입할 수 있기 때문에 우리 원화의 구매력이 높아진다. 이것은 우리나라가 수입하는 원재료의 가격을 낮추는 효과를 만들기 때문에 원재료 수입 비중이 높은 철강, 화학, 음식료 업종의 기업들은 원가 절감을 통해 실적이 증가할 것으로 기대된다. 아울러 석유 수입이 큰 비용을 차지하는 항공업, 그리고 환율 하락으로 해외여행 수요 증가가 예상되는 여행업도 수혜를 입을 것으로 예상할 수 있다.

*환율 상승 수혜주: IT, 자동차, 조선
*환율 하락 수혜주: 철강, 화학, 음식료, 여행·항공

3) 전 세계의 정치와 경제를 뒤흔드는 유가

유가는 우리의 일상생활뿐만 아니라 주식시장 그리고 전 세계의 정치·경제와도 밀접한 관계를 맺고 있다. 유가는 원유의 가격을 뜻한다. 더 쉽게 표현하면 석유·기름의 가격이다. 석유는 산업과 생

활 전반에 있어서 반드시 있어야 하는 공기와 같은 존재다. 인류는 석유라는 에너지원을 통해 비약적인 발전을 할 수 있었다. 석유가 본격적으로 상용화된 건 이제 100여 년 남짓이지만, 석유를 둘러싼 강대국들의 패권 다툼은 인류의 역사를 계속 바꿔오고 있다. 수차례의 중동 전쟁, 9.11 테러, 걸프전과 이라크전, 미국의 이란 제재 등 현대사의 수많은 전쟁과 테러가 석유 때문에 발생했다고 해도 과언이 아니다.

유가는 우리의 생활과도 매우 밀접하다. 유가가 오르면 우선 주유소의 휘발유 가격이 오른다. 그리고 제품을 생산하는 기업들의 비용이 증가해 생활 물가도 동반 상승하게 된다. 소득은 그대로인 서민들의 경우 물가상승으로 지출만 증가하게 돼 삶의 질이 하락하게 된다. 석유 한 방울 나지 않는 우리나라는 에너지 의존도가 높을 수밖에 없는데, 이러한 산업 구조의 특성상 유가 상승에 특히 취약하다. 중동지역의 전쟁으로 인해 유가가 급등했던 지난 1970년대의 두 차례의 오일 쇼크는 우리나라뿐만 아니라 전 세계를 대혼란에 빠뜨렸다. 석유를 사기 위해 줄을 서야 했고 공산품 가격과 대중교통 요금, 화물 수송비 등이 인상됐으며, 사룟값, 비료 가격 인상으로 축산품의 가격이 올랐다. 결국 유가 인상은 경제 전반에 악영향을 끼쳤고, 서민들의 고통은 커져만 갔다. 오일쇼크는 유가의 중요성을 깨닫게 해준 이벤트였다.

유가의 기본이 되는 원유는 생산 지역에 따라 화학물질의 함량 비율이 달라진다. 그래서 원유의 종류만 해도 200개가 넘는다. 하지만 금융시장에서는 지역별로 생산량과 거래량이 많은 대표 원유 세 가지를 선정해 이 대표 원유의 가격을 기준으로 거래한다. 이 세 가지 기준 원유는 브렌트유, 두바이유 그리고 서부텍사스유(WTI)다. 브렌트유는 영국 북해 지역에서 생산되는 원유인데, 유럽과 아프리카에서 생산되는 원유의 기준 가격으로 쓰인다. 가장 광범위한 지역으로 수출되며 현재 런던의 국제석유거래소에서 거래된다. 하지만 브렌트 지역에서 추출되는 브렌트유는 조만간 매장량이 고갈될 것으로 예측돼 실제 브렌트유는 보기 어렵고 금융시장에서 가격 지표로만 활용될 것이다.

두바이유는 중동의 아랍에미리트에서 생산되는 원유로 중동과 싱가포르에서 거래된다. 세 가지 대표 원유 중에서 품질이 가장 낮다. 우리나라의 경우, 사우디아라비아와 아랍에미리트에서 생산하는 두바이유가 원유 수입의 78%를 차지하고 있다. 낮은 품질에도 불구하고 기존 정제설비와 운송비용 등을 고려할 때 다른 원유로의 교체가 쉽지 않기 때문이다. 따라서 다른 원유보다도 이 두바이유의 가격이 우리나라의 실생활에 가장 큰 영향력을 가지고 있다. 중동 지역의 정치·종교적인 갈등과 분쟁은 종종 원유 생산량을 변동시키는데, 이는 국제 원유가격에 큰 영향을 미친다.

서부텍사스유는 미국의 텍사스와 오클라호마 지역 일대에서 생산되고 아메리카 지역에서 사용되는 원유를 지칭한다. 영어로는 Western Texas Intermediate인데 줄여서 흔히 WTI라고 부른다. 원유 중에서 품질이 가장 좋아서 가격도 가장 높으며 세계 원유 시장에서 영향력도 가장 커서 국제 유가를 결정하는 기준 지표로 쓰인다. 뉴욕상업거래소(NYMEX)에서 거래되고 있으며, 세 가지 대표 원유 중에서 금융시장에서 가장 중요하게 여기는 지표다. 따라서 투자를 할 때에는 브렌트유, 두바이유보다는 서부텍사스유(WTI)의 가격 동향을 주시하면 된다. 유가 역시 원유에 대한 수요와 공급에 의해 결정된다. 하지만, 유가의 공급은 석유를 생산하는 산유국들의 카르텔 모임인 OPEC+ 회의에 의해 큰 영향을 받는다. OPEC은 석유수출국기구를 의미하는 Organization of Petroleum Exporting

[그림 2-34] 유가 확인: 키움증권 0761 화면

Countries의 줄임말로 흔히 오펙이라고 부른다. OPEC은 석유 생산과 수출의 대표국가들이 1960년에 유가 하락을 방지하기 위해 결성한 협의체다. 현재 OPEC 회원국은 14개국으로 세계 석유 공급량의 35%, 매장량의 약 82%를 차지하고 있다. 여기에 OPEC에 포함되지 않는 산유국인 러시아, 멕시코, 말레이시아 등을 포함해서 OPEC+라고 부르는데, 이들 국가들의 회의를 통해 석유 생산량을 결정한다. 석유 증산을 결정하면 공급 증가로 인해 유가는 하락하고, 석유 감산을 결정하면 공급 감소로 인해 유가는 상승한다.

그 외에도 중동지역의 분쟁이나 전쟁도 유가에 큰 영향을 미친다. 물리적인 충돌 과정에서 생산 중지 결정이나 에너지 시설의 파괴로 인해 석유 생산이 감소할 것으로 예상되면 유가는 상승한다. 2020년 1월에 미국이 이란의 혁명수비대 사령관을 드론 공습으로 사살했다는 보도가 나오자, 이란이 보복으로 사우디아라비아의 정유시설을 공격할 것으로 예상되면서 이 날 하루에만 유가가 4% 상승했다.

유가가 상승하면 우선 원유를 사용해 제품을 만드는 기업들의 생산비용이 증가한다. 이로 인해 기업들의 실적이 하락할 것으로 예상돼 주식시장에서는 악재로 인식한다. 그리고 기업들은 제품 가격 인상을 통해 유가 상승을 소비자에게 전가하는데, 이는 전반적인 물가 상승을 야기하게 된다. 물가 상승을 통제하기 위해 중앙은행은 금리를 인상해야 하는데, 금리 인상은 경제성장과 역의 관계에 있으므로 이 역시도 주식시장에 부정적인 영향을 미친다. 다만, 석유를 판매하는 정유업종의 기업들은 석유 판매가격이 인상돼 실적이 증가할 것으로 전망돼 유가상승 수혜주로 불린다.

유가가 하락하면 반대의 흐름이 펼쳐진다. 원유를 사용해 제품을 만드는 기업들의 생산비용이 낮아지므로 기업들의 실적이 증가할 것으로 예상돼 주식시장에서는 호재로 인식한다. 그리고 기업들은 높은 실적과 낮은 물가를 바탕으로 적극적인 투자를 하게 되는데, 이 과정에서 고용도 증가하게 돼 전반적으로 경제가 살아나면서 주식시장에 긍정적인 영향을 끼친다. 유가 하락으로 비행기의 운행비용이 낮아지는 효과를 얻는 항공업과 이로 인해 해외여행 수요 증가가 기대되는 여행업은 대표적인 유가 하락 수혜주로 불린다.

*유가 상승 수혜주: 정유
*유가 하락 수혜주: 항공·여행

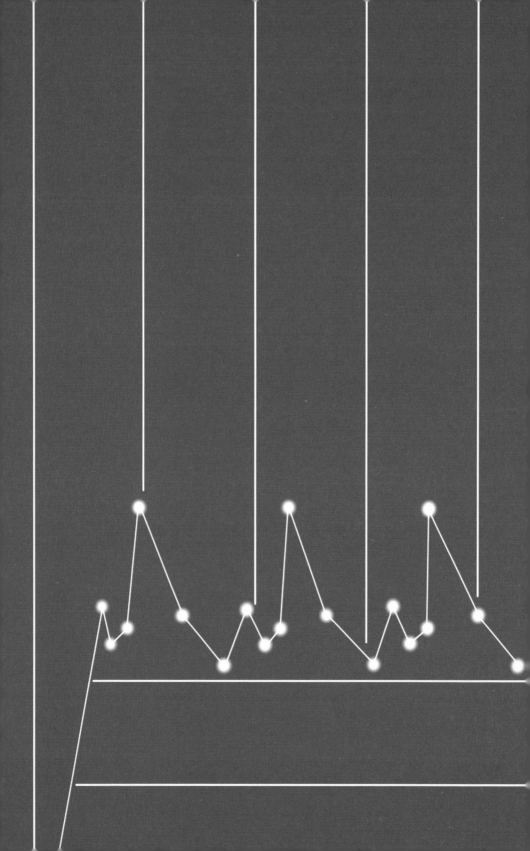

3장

단타 고수들의 트레이딩 테크닉

주린이를 위한 실전 단타 입문서

이번 장에서는 많은 단타 고수들이 활용하고 있는 단타의 기술에 대해 설명하겠다. 사실 단타를 하는 매매 방법의 수는 무한하다고 봐도 된다. 주가의 흐름을 활용해 수익을 만들 수 있으면 그 모든 것이 기법이 될 수 있다. 중요한 점은 단타를 통해 수익을 꾸준히 만드는 사람들은 누구나 자신만의 필살기를 보유하고 있다는 것이다. 기존의 방법을 그대로 사용하거나 아니면 기존 방법을 자신의 성격에 맞게 변형해서 자신만의 기법을 창조했거나 혹은 완전히 자신만의 기법을 새롭게 개발했다는 차이만 있을 뿐이다. 장기 투자는 기다림의 영역이 매우 크지만, 단기 트레이딩은 테크닉이 매우 중요하다.

서문에서 말한 대로, 누구나 노력하면 매우 높은 확률의 기법을 개발할 수 있다. 나도 예전에는 '주식 단타로 돈을 번다는 게 과연 가능한 걸까?'라는 의문을 가질 정도였지만, 지금은 나만의 핵심 비기를 통해 매우 쉽고 편하게 그리고 안정적으로 돈을 벌고 있다.

불가능은 없다. 누구나 노력하면 할 수 있다. 다른 사람들도 했고 나도 해냈다. 따라서 여러분들도 할 수 있다. 먼저, 지금부터 설명하는 대표적인 단타 기법들을 익히고 나서 자신만의 필살기를 개발해보자.

1

상한가 따라잡기(상따)

　주식시장에서 한 종목의 주가가 상승할 수 있는 당일의 최고 가격을 상한가라고 한다. 상한가는 예전에는 전일 종가 대비 +15%였으나 2015년 6월 15일부터는 +30%로 변경됐다. 전일 종가가 1만 원이라면 오늘은 30% 상승한 가격인 1만 3천 원이 상한가가 된다. 상한가 이상으로는 상승할 수 없다. 상한가 따라잡기는 줄여서 상따라고 부르는데, 당일 최고 상승가격인 +30%에 사는 것을 뜻한다.

　전일 종가 대비 +5%, +10%도 아닌, +30%에 산다는 게 이상해 보일 수도 있다. 하루 만에 30%나 오른 종목을 산다는 것도 이상한데, 그것도 당일의 최고가에 산다는 것은 더욱 이해가 안 될 수도 있다. 하지만, 상따는 고수들 중에서도 초고수들이 주로 구사한다.

이 장에서 설명하는 여러 기법 중에서 가장 빨리 큰돈을 벌 수 있는 기법 중의 하나면서 동시에 위험 역시 가장 큰 최고 난이도의 매매법이다.

상따를 하는 가장 큰 이유는 두 가지다. 다음 날의 시초가 갭상승 그리고 그 이후의 추가상승을 노리는 것이다. 상한가로 마감한 종목이 다음 날 아침에 갭상승으로 시작할 확률은 매우 높다. 그리고 이 갭도 평균 +5~8% 정도로 큰 편이다. 상한가로 마감하면 다음 날 아침에 이 정도의 수익은 쉽게 나온다는 의미다. 게다가 운이 좋으면 시가 갭이 15%가 될 수도 있고 더 운이 좋으면 2일 연속 상한가인 점상한가가 나올 수도 있다. 이처럼 다음 날의 수익이 꽤 크기 때문에 당일의 최고가라는 위험을 무릅쓰고 상한가에 매수하는 것이다.

상한가는 장대양봉, T자, 아래꼬리형, 그리고 점상한가의 네 가지 유형으로 구분할 수 있다. 이 4가지 패턴 모두 상한가 따라잡기가 가능하다. 상한가 따라잡기의 매수 방법은 사실 간단하다. 주가가 계속 상승해 상한가 진입을 눈앞에 두고 있다가 상한가에 진입했을 때 같이 매수하는 것이다. 하지만 자칫 매수 주문이 늦게 들어간 경우에는 시간 순서에 밀려서 체결이 안 될 수도 있어서 최근에는 좀더 일찍 매수하기도 한다.

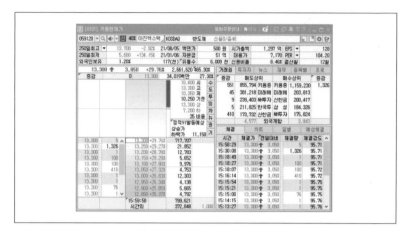

[그림 3-1] 삼성전자의 로봇 분야 M&A 기대감으로 아진엑스텍이 상한가로 마감했다

상한가에 매수가 됐어도 상한가가 풀려서 하락할까봐 조바심이 나서 화장실도 못 가는 사태가 발생하기도 한다. 시간외에서의 흐름도 놓치지 않고 살펴야 한다. 그래서 직장인들에게는 상한가 따라잡기를 거의 권하지 않는다. 하지만 그만큼 큰 수익이 따라오기 때문에 여건만 된다면 시도할 가치가 충분히 있다.

1) 상한가 유형 분석

(1) 장대양봉형
시초가가 낮은 상태에서 시작해 상한가까지 주가가 상승한 경우다. 그렇기 때문에 오전부터 시세를 포착한 경우에는 다음 날까지 보유함으로써 매우 큰 수익을 얻을 수도 있다. 또는 중간의 상승 구간에서 단기 매매를 통해 적은 수익들을 누적시키고 상한가 진입 시에는 상한가 따라잡기까지 하면서 상승 구간 내내 수익을 만들 수 있다.

새로닉스는 자회사인 엘앤에프의 지분가치가 부각되면서 2021년 9월 13일에 상한가로 마감했다. 시가는 전일 종가와 똑같이 시작했으나 장 시작 직후부터 시작해 결국 30%의 상승을 만들어냈다. 이 상승 구간에서도 단기 매매를 통해 적은 수익을 모아갈 수 있었다. 그리고 다음 날 갭시가 +4.39%를 형성한 이후에 추가 상승해 고가는 +7.56%를 기록했다.

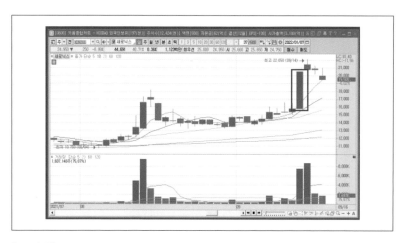

[그림 3-2] 새로닉스 일봉

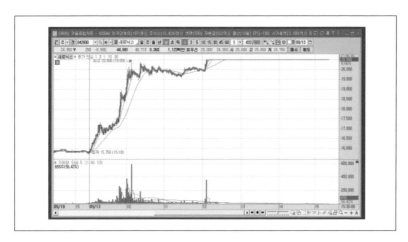

(2) T자형

장이 시작하자마자 전일 대비 30% 상승한 상한가로 시가가 형성 됐으나 장중에 상한가를 이탈하고 큰 하락을 보였다가 다시 상한가 로 마감한 형태다. 이러한 주가의 흐름이 일봉상에서 알파벳 T자의 모습을 나타내서 T자형 상한가로 불린다. 상한가를 이탈할 때 위험 관리 차원에서 일부는 손절하기도 한다. 하지만 야속하게도 주가는 다시 상한가를 들어가게 되는데 이때 다시 상한가 따라잡기로 재진 입하기도 한다.

에디슨EV는 전기차 무선충전 서비스가 규제 샌드박스 승인을 받 으며 수행하고 있는 국책과제로 주목받으면서 2021년 10월 29일에 T자 상한가를 만들었다. 장 시작 직후 상한가에 들어갔으나 2분 만 에 7%나 하락하며 매수자들의 심장을 철렁거리게 만들고는 5분 뒤에 다시 상한가로 문 닫고 한 번도 풀리지 않은 채 하루를 마쳤다. 그리고 다음 날 +6.36%에 시가를 형성했고 추가 상승해 +27%의 고가를 기록했다.

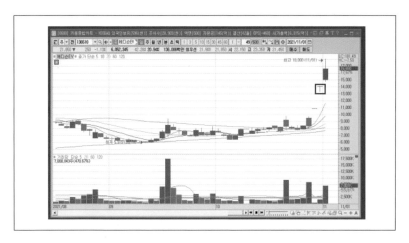

[그림 3-4] 에디슨EV 일봉

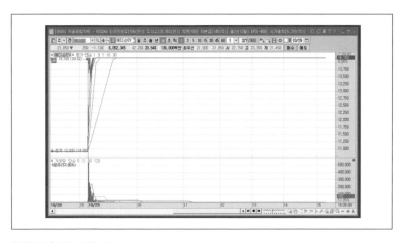

[그림 3-5] 에디슨EV 분봉

상한가 이탈이 딱 한 번이면 좋은데 어떤 상한가는 수시로 상한 가가 풀리면서 매수자들을 불안하게 만들기도 한다. 사실 상한가가 안 풀리는 게 가장 좋기는 하다. 하지만 이렇게 상한가를 이탈시켜

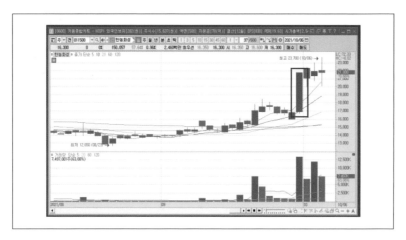

[그림 3-6] 한농화성 일봉

[그림 3-7] 한농화성 분봉

주식단타로 **매일매일** 벌어봤어?

서 불안감을 조성해 손절을 유도해서 물량 확보를 하는 경우도 있다. 이런 패턴을 지렁이 상한가라고 부른다. 일봉상에는 이런 주가의 흐름이 잘 나타나지 않는다. 한농화성의 일봉차트만으로는 분봉차트에서 수시로 상한가가 풀렸던 사실을 알 수 없다.

(3) 아래꼬리형

시가가 높게 시작했으나 차익물량들로 인해 하락한 이후에 재상승해 상한가로 마감하는 패턴이다. 이렇게 시가가 높게 시작하는 경우에는 바로 추격매수하는 것보다 하락을 기다려서 눌림을 공략하는 게 더 효과적이다. 혹은 이날의 시가를 기준으로 주가가 시가를 상승돌파할 때 같이 매수하는 것도 하나의 방법이다.

아우딘퓨처스는 화장품 ODM 및 자사 브랜드를 보유하고 있는 화장품 제조업체로서 2021년 11월 18일에 상한가로 마감했다. 시가는 상한가에 임박한 +24%에서 형성됐으나 워낙 고가다 보니 차익물량들이 계속 나오면서 시가를 이탈하기도 했고 상한가 진입 이후에도 계속 상한가가 풀리면서 하루 종일 지렁이 패턴을 만들어서 상따를 한 사람들을 괴롭혔다. 이 고통을 잘 버틴 사람들에게는 다음 날 +8.19%의 갭시가와 +17%의 고가가 선물로 주어졌다.

[그림 3-8] 아우딘퓨쳐스 일봉

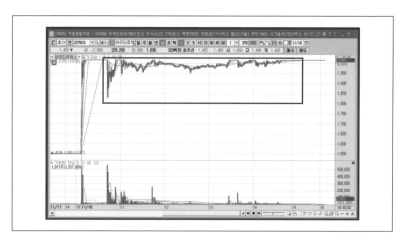

[그림 3-9] 아우딘퓨쳐스 분봉

(4) 점상한가형

아침 9시에 시가부터 상한가로 시작해 장 마감할 때까지 한 번도 상한가를 이탈하지 않고 하루 종일 상한가를 유지한 패턴이다. 가격이 하루 종일 상한가 하나로 일정했기 때문에 일봉상에는 가로줄 하나로 표시된다. 다만 전일 종가보다 상승한 가격이므로 빨간색으로 표시된다.

분봉 차트에도 가로줄 하나만 나타날 뿐이다. 첫 점상한가는 보통 다음 날에도 상한가로 가는 경향이 있어서 최대한 보유해 큰 수익을 목표로 하는 것이 좋다.

에코캡은 미국의 전기차 기업 리비안의 상장을 앞두고 리비안에 자동차 부품을 공급한 사실이 부각되며 2021년 9월 30일에 오전 9시 시가부터 상한가에 들어갔고 한 번도 상한가가 풀리지 않은 채 점상한가로 마감했다. 그리고 다음 날에도 시가가 상한가를 나타내며 2연상을 기록하며 매우 큰 수익을 안겨주었다. 2연상에서는 위에서 배운 T자형 상한가를 만들었다.

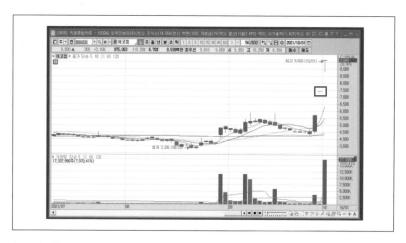

[그림 3-10] 에코캡 일봉

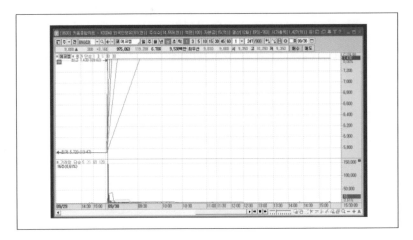

[그림 3-11] 에코캡 분봉

주식단타로 매일매일 벌어봤어?

2

시황 매매

최근에 단타를 하는 사람들 중에서 가장 핫한 매매법 중의 하나가 시황 매매다. 시황 매매는 당일에 출현한 뉴스나 재료를 기반으로 매매를 하는 것으로 뉴스 매매라고 부르기도 한다.

이것은 예전부터 있어 왔던 매매 방식이나 최근 들어 부쩍 많은 사람들이 시황 매매에 관심을 갖게 됐다. 그 이유는 시장의 좋고 나쁨에 상관없이 매매 빈도가 지속적으로 발생한다는 장점과 좋은 종목을 초기에 매수했을 경우에는 상한가까지도 상승해 매우 큰 수익을 얻을 수 있다는 점이 부각됐기 때문이다.

뉴스의 출처는 다양하다. 각종 언론사들의 뉴스, 그리고 이들을 종합해 보여주는 증권사 HTS의 종합시황뉴스, 주식 투자자들 사이의 고전적인 메신저인 미스리, 그리고 최근에 주식 투자자들 사이에 알음알음 인기를 얻고 있는 텔레그램 등이 대표적이다.

이 중에서도 가장 기본이라고 할 수 있는 종합시황뉴스 화면은 증권사 HTS마다 있기 때문에 HTS를 사용하는 사람이라면 장중에 수시로 보는 것도 좋다. 하지만 뉴스의 속도는 증권사마다 그리고 뉴스마다 미세한 차이가 있다. 어떤 뉴스는 키움증권이 더 빨리 나오고 어떤 뉴스는 타 증권사가 더 빠르다. 이것은 복불복이라고 보

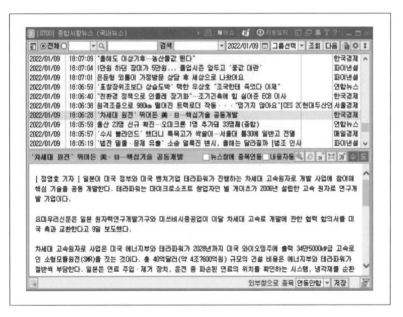

[그림 3-12] 키움증권의 종합시황뉴스창

주식단타로 매일매일 벌어봤어?

는 게 편하다. 종합시황뉴스는 핸드폰의 MTS에서도 제공하기는 하나 주문까지 동시에 수행해야 하므로 컴퓨터보다는 당연히 번거로울 수밖에 없다.

텔레그램은 개발자들이 강력한 보안을 강조한 덕분에 개인정보유출에 민감한 사람들이 주로 사용한다. 최근에는 주식 투자와 관련된 정보들이 텔레그램을 통해 많이 전파되고 있다. 하지만 이를 이용해 유사 투자업체 홍보를 하는 경우가 많으므로 주의를 기울여야 한다.

[그림 3-13] 텔레그램 뉴스

1) 가장 빨리 큰돈을 벌려면 시황 매매가 답이다

시황 매매의 가장 큰 장점은 매우 빨리 큰돈을 벌 수 있다는 점이다. 하루에도 출현 빈도가 매우 많으며 상승률 또한 매우 크기 때문에 매일매일 큰 수익을 챙길 수 있다. 그래서 많은 사람들이 시황 매매에 도전하고 있다. 하지만 동시에 가장 위험한 매매 중의 하나라는 것도 잊지 말자. 가장 빨리 큰돈을 벌 수 있지만 동시에 가장 빨리 깡통이 날 수도 있다. 소액으로 충분한 연습을 하고 도전하길 바란다.

이수화학은 전일 대비 −1.9%에서 시가가 형성됐으나 오전 9시 42분에 황화물계 전고체 배터리 원료를 최초로 공개했다는 뉴스가

[그림 3-14] 텔레그램으로 전파된 이수화학 소식

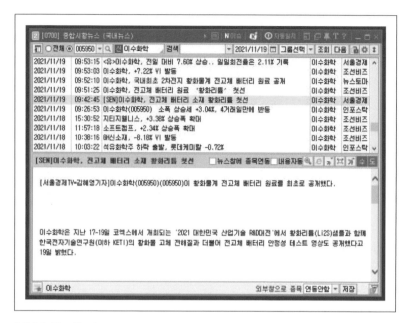

[그림 3-15] 종합시황뉴스의 이수화학 소식

[그림 3-16] 이수화학 일봉

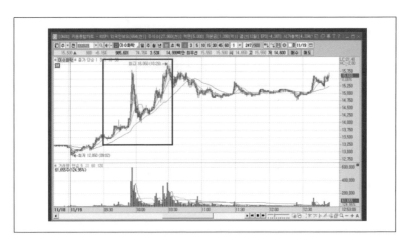

[그림 3-17] 이수화학 분봉

나오면서 14,000원에서 16,050원까지 약 13% 가량 급등했다. 이
뉴스는 증권사 HTS와 텔레그램을 통해 전파됐다. 이 뉴스를 본 시
황 매매자들이 일시적으로 몰리면서 주가가 순간적으로 급등을 한
것이다.

　시황 매매를 제대로 하기 위해서는 뉴스 분석이 가장 우선이다.
뉴스를 꼼꼼히 읽고 나서 그 뉴스가 미칠 영향에 대해 분석하고 관
련 종목을 파악한 뒤에 좋은 시점에 매수하는 것이다. 하지만 시황
매매를 하는 사람들이 많아지면서 뉴스 분석을 하는 사이에 주가
가 급등해버리는 일이 다반사가 돼버렸다. 그래서 최근에는 뉴스가
나오자마자 제목만 보고 경험과 감각에 의해 바로 매수하는 방식도
인기를 끌고 있다. 그것도 시장가로 바로 매수해버린다. 매수한 주

식이 급등해서 상승 VI에 들어가면 2분간 거래 정지가 되므로 그제야 뉴스를 분석한다.

결론적으로 시황 매매는 남들보다 한 박자 빠른 뉴스 포착, 뉴스와 제목 분석 그리고 주문이 요구된다. 따라서 빠른 매매나 단타에 익숙한 사람들이 하는 것이 좋다. 물론 손이 느린 사람이나 초보자들도 충분한 연습을 통해 시황 매매의 고수로 거듭날 수도 있다.

한 가지 안타까운 점은 최근에 이런 점을 노리고 가짜 뉴스가 성행한다는 것이다. 일부 세력들이 주식을 미리 매집한 뒤에 가짜 뉴스를 퍼뜨리면서 이를 보고 따라붙는 개인 투자자들에게 물량을 떠넘기는 식이다. 일반적인 개인 투자자들의 경우 이 뉴스가 사실인지 가짜 뉴스인지를 파악할 방법이 없다. 아니다 싶을 때는 재빠른 손절로 위험관리를 해야만 한다.

동진쎄미캠은 2021년 10월 1일 삼성의 이재용 부회장이 동진쎄미캠을 인수하라는 지시를 내렸다는 단독 뉴스가 투자자들 사이에서 급속도로 퍼지면서 주가가 30,800원에서 40,850원까지 급등했다. 하지만 결국 가짜 뉴스로 판명됐다. 철저하게 시황 매매로만 접근했다면 큰 수익을 얻었겠지만, 뉴스만 믿고 계속 보유했다면 큰 손실이 발생했을 것이다.

[그림 3-18] 동진쎄미켐 가짜 뉴스

[그림 3-19] 동진쎄미켐 일봉

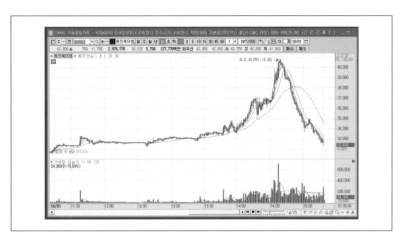

[그림 3-20] 동진쎄미켐 분봉

3

신고가 매매

신고가는 새로운 고가, 즉 최고가를 의미한다. 특정 기간 동안의 최고가를 기록했을 때는 앞에 그 기간을 붙여서 52주 신고가, 120일 신고가라고 부르고, 해당 주식이 상장 이후에 최고가를 기록했다면 역사적 신고가라고 한다. 신고가 매매는 기간 신고가와 역사적 신고가에 상관없이 신고가면 모두 해당이 된다. 기간 신고가의 경우 기간이 길면 길수록 좋고, 역사적 신고가는 상장 이후의 사상 최고 가격을 돌파했다는 점에서 가장 좋다.

신고가는 새로운 가격이므로 현재 이 주식을 보유하고 있는 대부분의 사람들이 수익권인 상태이다. 그래서 기존에 물려있는 사람들이 매우 적으므로 매도물량은 적게 나오는 반면에 신고가 매매를 추종하는 사람들로 인해 매수 우위의 수급 상황을 바탕으로 큰 폭의 추가 상승이 나올 확률이 높다. 이것이 신고가 매매를 하는 이유다.

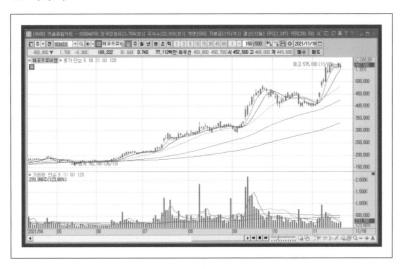

[그림 3-21] 에코프로비엠은 신고가를 계속 갱신하며 엄청난 상승을 보여줬다

신고가의 반대 개념은 신저가다. 마찬가지로 52주 신저가, 120일 신저가, 역사적 신저가라고 부른다. 신저가의 종목은 해당 주식을 보유한 모두가 손실이다. 따라서 반등이 나오면 물량을 정리하기 위해 매도하려는 사람들이 훨씬 많아서 매도 우위의 투자 심리를 나타낸다. 흔히 이런 매도물량을 악성매물이라고 부른다. 그래서 신고가 종목에 비해 신저가 종목들의 상승이 훨씬 어려운 것이다. 반등이 나와도 매도물량에 밀려서 재차 하락하기 쉽다. 이러한 이유로 사람들의 관심이 줄어들면서 거래량도 바닥권이다. 악순환의 연속

주식단타로 매일매일 벌어봤어?

이다. 역배열 종목은 피하고 정배열 종목을 매수하라는 이유가 이 때문이다.

신고가 종목은 HTS에서 쉽게 찾을 수 있다. 본인이 원하는 기간을 설정할 수도 있다. 아래 화면은 250일 신고가다.

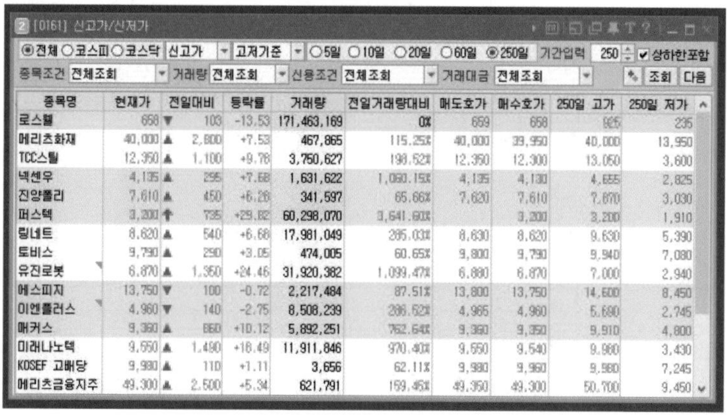

종목명	현재가	전일대비	등락률	거래량	전일거래량대비	매도호가	매수호가	250일 고가	250일 저가
로스웰	658	▼ 103	-13.53	171,463,169	0%	659	658	925	235
메리츠화재	40,000	▲ 2,800	+7.53	467,865	115.25%	40,000	39,950	40,000	13,950
TCC스틸	12,350	▲ 1,100	+9.78	3,750,627	198.52%	12,350	12,300	13,050	3,600
넥센우	4,135	▲ 295	+7.68	1,631,622	1,060.15%	4,135	4,130	4,655	2,825
진양폴리	7,610	▲ 450	+6.28	341,597	65.66%	7,620	7,610	7,870	3,030
퍼스텍	3,200	↑ 735	+29.82	60,298,070	3,641.60%		3,200	3,200	1,910
링네트	8,620	▲ 540	+6.68	17,981,049	285.03%	8,630	8,620	9,630	5,390
토비스	9,790	▲ 290	+3.05	474,005	60.65%	9,800	9,790	9,940	7,080
유진로봇	6,870	▲ 1,350	+24.46	31,920,382	1,099.47%	6,880	6,870	7,000	2,940
에스피지	13,750	▼ 100	-0.72	2,217,484	87.51%	13,800	13,750	14,600	8,450
이엔플러스	4,960	▼ 140	-2.75	8,508,239	286.52%	4,965	4,960	5,690	2,745
매커스	9,360	▲ 860	+10.12	5,892,251	762.64%	9,360	9,350	9,910	4,800
미래나노텍	9,550	▲ 1,490	+18.49	11,911,846	970.40%	9,550	9,540	9,980	3,430
KOSEF 고배당	9,980	▲ 110	+1.11	3,656	62.11%	9,980	9,960	9,980	7,245
메리츠금융지주	49,300	▲ 2,500	+5.34	621,791	159.45%	49,350	49,300	50,700	9,450

[그림 3-22] 250일 신고가 화면

컴투스홀딩스는 대체불가능토큰(NFT)과 메타버스(3차원 가상세계) 분야에 대한 성장 기대감으로 2009년 상장 이래 역사적 신고가를 기록하며 급등세를 이어갔다. 빨간색 사각형 안에서 보듯이 21년 11월 초에 8만 원대이던 주가가 불과 4일 만에 17만 3,600원에 도달하며 상승률 100%를 기록했다. 이 사격형 안의 모든 구간이 신고가 영역이다. 이 구간 안에서는 어느 지점에 매수했어도 수익권이다. 이처럼 신고가 종목을 장중에 매수했다면 짧은 수익으로 종료하기보다는 최대한 길게 보유해서 수익률을 극대화하는 것도 좋다.

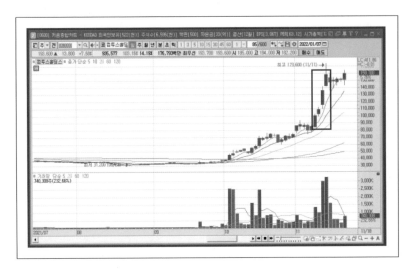

[그림 3-23] 컴투스홀딩스 일봉

1) 음봉 신고가도 신고가다

많은 사람들이 잘못 생각하고 있는 것 중의 하나는 신고가이니까 반드시 양봉이어야 한다는 것이다. 그렇지 않다. 음봉 신고가도 유효하다. 에코프로비엠은 21년 9월 9일에 +14.76%에 시가를 형성된 이후에 차익 물량들로 인해 급락이 나오면서 전일 대비 6.21% 상승한 35만 7,600원으로 마감했다. 일봉 차트에는 음봉으로 나타났다. 이 가격은 그 당시에 에코프로비엠의 역사적 신고가였다. 음봉 신고가인 것이다. 그리고 신고가답게 그다음 날부터 상승세를 계속 이어가 8일 만에 36% 상승했다.

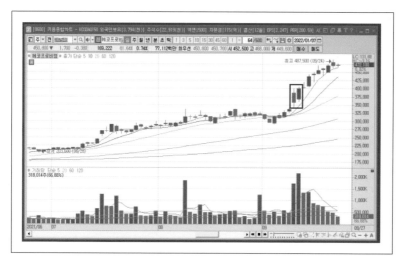

[그림 3-24] 에코프로비엠 음봉 신고가

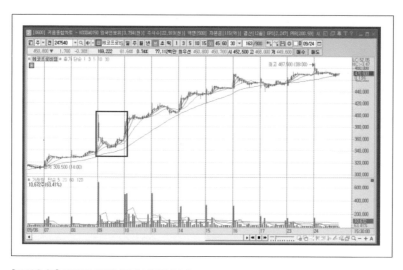

[그림 3-25] 에코프로비엠 음봉 신고가 분봉

진단키트로 큰 상승을 보여준 엑세스바이오는 종가 기준으로
2021년 4월 27일에 120일 신고가를 기록했다. 하지만 일봉차트는

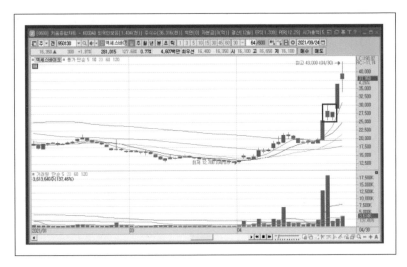

[그림 3-26] 엑세스바이오 일봉

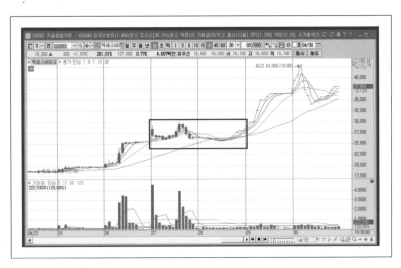

[그림 3-27] 엑세스바이오 분봉

주식단타로 매일매일 벌어봤어?

음봉을 나타냈다. 이날 시가는 +17%대였지만 종가는 +4%대에서
마감한 것이다. 하지만 음봉 신고가도 신고가다. 그리고 120일이라
는 기간 신고가도 신고가다. 엑세스바이오는 이날 단기과열종목으
로 지정됐음에도 불구하고 바로 다음 날부터 급등했다.

4

수급 매매

수급 매매는 주식시장의 중요한 수급 주체인 외국인과 기관의 매매 동향을 파악해 이들과 같은 방향으로 매매하는 것이다. 이와 관련된 수급주의 개념에 대해서는 4장에서 보다 자세히 설명하고 여기에서는 외국인과 기관의 매매 동향을 파악하는 방법에 대해 주로 기술하겠다.

수급 매매의 장점은 외국인·기관이 매수하는 것을 알고 그들과 같이 매수하기 때문에 매수할 때부터 마음이 매우 편하다는 것이다. 큰 비중으로 매수해도 심적인 부담이 덜하다. 나의 경우에는 수급 매매로 단타를 할 때 한 번에 비중의 50%씩 매수했었다. 그만큼 자신 있었기 때문이다. 또한 수급 매매를 잘 활용하면 매우 높은 승률을 얻을 수도 있다. 나는 수급 매매 기법의 두 가지를 활용하는데, 둘 다 확률이 90% 이상으로 매우 높다.

수급 매매의 기본은 외국인과 기관의 매수를 추종하는 것이다. 외국인과 기관이 매수하면 같이 매수하고, 매도하면 파는 것이다. 그러기 위해서는 외국인과 기관이 매매 동향 파악이 최우선이다.

1) 장중에 당일 외국인·기관의 수급 상황 파악하기

특정 종목에 대한 하루 동안의 장중 수급 상황은 키움증권의 '[1051] 장중투자자별매매 – 종목별 투자자별매매추이(잠정)'에서 확인할 수 있다. 이것은 한국거래소에 상주한 각 증권사 직원들이 집계한 것을 추정한 것으로 하루에 4번 공개된다. 키움증권에서는 발표 시각이 오전 10시, 오전 11시 30분, 오후 1시 20분, 오후 2시 30분이라고 공지했지만, 실제로는 오전 9시 50분경, 오전 11시 15분경, 오후 1시 20분경, 오후 2시 20분경에 업데이트된다. 따라서 이때는 1051창을 자주 보면서 수급 상황에 변동이 있는지 확인해야 한다. 1051창은 장중에 나오는 외국인과 기관의 매매 동향이기 때문에 투자 심리에 큰 영향을 미친다.

아래 창은 2022년 2월 3일 LG유플러스에 대한 외국인과 기관의

최종자료 집계시간		외국인	기관계	보험	투신	은행	연기금등	기타법인
	14:22	-6,000	+445,000	+1,000	+35,000		+409,000	-5,000
1차	09:25	+1,000						
2차	09:56	-2,000	-1,000				-1,000	
3차	11:05	+21,000	+89,000		+20,000		+69,000	-9,000
4차	13:16	-16,000	+232,000	+1,000	+10,000		+221,000	+3,000
5차	14:22	-10,000	+125,000		+5,000		+120,000	+1,000

[그림 3-28] LG유플러스의 잠정 매매 동향

장중 수급 상황을 나타낸다. 이날 외국인은 오전에는 매수를 했으나 오후에 매도로 전환했다. 기관은 오전 9시 56분 전까지는 매도를 했지만 이후에는 엄청난 양의 매수를 한 것으로 나타난다.

1051창을 사용할 때 중요한 점은 이 수치가 발표된 직후에 아주 짧은 시간 동안 오류를 보인다는 것이다. 기관이 하루 종일 매수했는데 갑자기 대량 매도로 수치가 나오거나, 뜬금없는 큰 수치가 출현하는 식이다. 위의 LG유플러스 예에서 14시 22분에 125,000주 매수로 나오긴 하지만, 실제 14시 22분 당시에는 50,000주 매도와 같은 전혀 다른 수치가 잠시 동안 나타났다가 정정됐다. 따라서 발표 직후에는 수치만으로 섣부른 판단을 내리지 말고 일정 시간 동안 계속해서 확인하는 과정이 필요하다.

당일 장중에 기관과 외국인이 많이 사고파는 종목들이 궁금하다면 키움증권의 '[1053] 장중투자자별매매 – 장중투자자별매매상위(잠정)'를 확인하면 된다. 코스피와 코스닥 시장에서 외국인과 기관의 매수 상위 종목을 금액과 수량순으로 나열한 것이다. 코스피와 코스닥으로 구분해 볼 수도 있고, 기관을 투신과 보험, 은행, 연기금으로 구분해 확인할 수도 있다. 공개 시점과 횟수는 위에서 설명한 [1051]창과 동일하다. [1051]창의 수치를 바탕으로 [1053]창이 만들어지는 것이다. 2022년 2월 3일, 코스피 시장에서 장중 추정치를 기준으로 기관이 가장 많이 매수한 종목은 삼성전자와 LG유플러스였다.

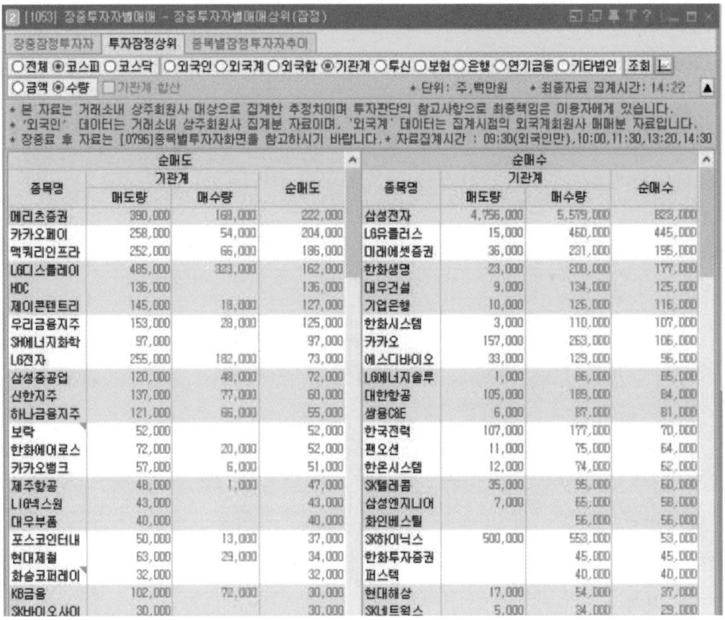

순매도				순매수			
종목명	기관계		순매도	종목명	기관계		순매수
	매도량	매수량			매도량	매수량	
메리츠증권	390,000	168,000	222,000	삼성전자	4,756,000	5,579,000	823,000
카카오페이	258,000	54,000	204,000	LG유플러스	15,000	460,000	445,000
맥쿼리인프라	252,000	66,000	186,000	미래에셋증권	36,000	231,000	195,000
LG디스플레이	485,000	323,000	162,000	한화생명	23,000	200,000	177,000
HDC	136,000		136,000	대우건설	9,000	134,000	125,000
제이콘텐트리	145,000	18,000	127,000	기업은행	10,000	126,000	116,000
우리금융지주	153,000	28,000	125,000	한화시스템	3,000	110,000	107,000
SH에너지화학	97,000		97,000	카카오	157,000	263,000	106,000
LG전자	255,000	182,000	73,000	에스디바이오	33,000	129,000	96,000
삼성중공업	120,000	48,000	72,000	LG에너지솔루	1,000	86,000	85,000
신한지주	137,000	77,000	60,000	대한항공	105,000	189,000	84,000
하나금융지주	121,000	66,000	55,000	쌍용C&E	6,000	87,000	81,000
보락	52,000		52,000	한국전력	107,000	177,000	70,000
한화에어로스	72,000	20,000	52,000	팬오션	11,000	75,000	64,000
카카오뱅크	57,000	6,000	51,000	한온시스템	12,000	74,000	62,000
제주항공	48,000	1,000	47,000	SK텔레콤	35,000	95,000	60,000
LIG넥스원	43,000		43,000	삼성엔지니어	7,000	65,000	58,000
대우부품	40,000		40,000	화인베스틸		56,000	56,000
포스코인터내	50,000	13,000	37,000	SK하이닉스	500,000	553,000	53,000
현대제철	63,000	29,000	34,000	한화투자증권		45,000	45,000
화승코퍼레이	32,000		32,000	퍼스텍		40,000	40,000
KB금융	102,000	72,000	30,000	현대해상	17,000	54,000	37,000
SK바이오사이	30,000		30,000	SK네트웍스	5,000	34,000	29,000

[그림 3-29] 장중 투자자별 매매상위

장중 수급동향을 알려주는 [1051]창에는 결정적인 단점이 하나 있다. 추청지이기 때문에 장 마감 후에 나오는 최종 매매 동향과 다를 수 있다는 것이다. 장중에는 기관과 외국인이 매수를 하고 있어서 매수에 동참했는데, 장 마감 후에 나온 매매 동향에서는 기관이 매도한 것으로 나오는 경우가 있다. 이럴 경우 매매 동향에 대한 실망 매물이 시간외 거래에서 나오며 시간외에서 주가가 하락할 확률이 높다. 굳이 수급 매매를 안 하더라도 이러한 주식시장의 특성을 알고 있으면 주가 변동을 이해하는 데 도움이 된다.

2022년 2월 3일, 시스웍이라는 주식은 [1051] 장중 매매 동향에서 외국인은 소량 매도했고 기관은 매매에 참여하지 않은 것으로 나타났다. 하지만 장 마감 후 확정된 매매 동향에서는 기관이 시스웍을 대량으로 매수한 것으로 나타났다. 이로 인해 투자 심리가 좋아지면서 시간외 거래에서는 당일 종가 대비 2.6% 상승했다. 이처

[2] [1051] 장중투자자별매매 - 종목별 투자자별매매추이(잠정)								▶ ▣ │ ⬚ ⤢ ☷ 📌 T ? │ _ ☐ ×	
장중잠정투자자	투자잠정상위	**종목별잠정투자자추이**							
269320 ▾ Q 🔍 시스웍		1,155 ▲	45	+4.05%	60,094,468	75.75%			⚙
○금액(백만) ⊙수량(단주)		⊙순매매 ○매수 ○매도	외국인(거래소집계)		▾	⊙증감 ○누적		? 📈	조회
최종자료 집계시간	외국인	기관계	보험	투신	은행	연기금등			기타법인
14:22	-6,000								
1차 09:25									
2차 09:56	+16,000								+4,000
3차 11:05	-23,000								+8,000
4차 13:16	+15,000								-12,000
5차 14:22	-14,000								

[그림 3-30] 시스웍의 장중 매매 동향

럼 장중의 잠정치와 장 마감 후의 최종 수치 차이로 인해 시간외 매매에서 주가가 변화하기도 한다.

[그림 3-31] 시스웍의 장 마감 후 매매 동향

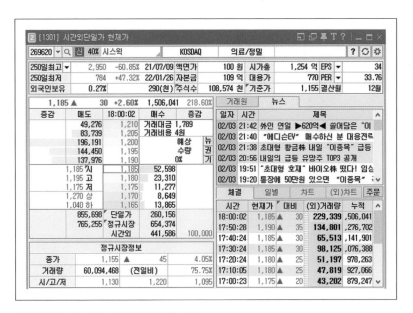

[그림 3-32] 시스웍의 시간외 단일가 현재가

2) 일일 단위로 외국인·기관의 수급 상황 파악하기

외국인과 기관의 매매 동향은 일일 단위로도 파악이 가능하며 이를 활용해 수급 매매에 적용할 수 있다. 원리는 동일하다. 일일 단위로 외국인이나 기관의 매매 동향을 활용해 그들이 매수하면 같이 매수하고 그들이 매도하면 같이 파는 것이다.

일일 단위의 외국인/기관 수급 동향은 '[0796] 투자자별 매매 동향-종목별투자자'창에서 확인할 수 있다. [0796]창은 장중에는 [1051]창의 수치를 나타내지만, 주식시장이 끝난 뒤인 오후 3시 35분경에는 최종 확정치를 표시한다. 장 마감 후의 [0796]창의 수치는 추정치가 아닌 확정치며, [1051]창의 수치와 다를 수 있다. 장 마감 후의 [0796]창의 수치가 가장 정확한 것이다.

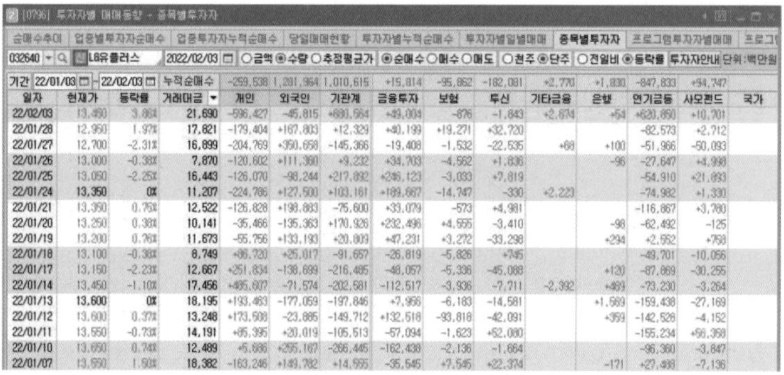

일자	현재가	등락률	거래대금	개인	외국인	기관계	금융투자	보험	투신	기타금융	은행	연기금등	사모펀드	국가
누적순매수				-259,538	1,281,964	1,010,615	+15,814	-95,862	-182,081	+2,770	+1,830	-847,833	+94,747	
22/02/03	13,450	3.86%	21,690	-596,427	-45,815	+880,564	+49,004	-876	-1,843	+2,674	+54	+820,850	+10,701	
22/01/28	12,950	1.97%	17,821	-179,404	+167,803	+12,329	+40,199	+19,271	+32,720			-82,573	+2,712	
22/01/27	12,700	-2.31%	16,899	-204,769	+350,658	-145,366	-19,408	-1,532	-22,535	+68	+100	-51,966	-50,093	
22/01/26	13,000	-0.38%	7,870	-120,602	+111,380	+9,232	+34,703	-4,562	+1,836		-96	-27,647	+4,998	
22/01/25	13,050	-2.25%	16,443	-126,070	-98,244	+217,892	+246,123	-3,033	+7,819			-54,910	+21,833	
22/01/24	13,350	0%	11,207	-224,786	+127,500	+103,161	+189,687	-14,747	-330	+2,223		-74,982	+1,330	
22/01/21	13,350	0.75%	12,522	-126,828	+198,883	-75,600	+33,079	-573	+4,981			-116,867	+3,780	
22/01/20	13,250	0.38%	10,141	-35,466	-135,363	+170,926	+232,496	+4,555	-3,410		-98	-62,492	-125	
22/01/19	13,200	0.76%	11,673	-55,756	+133,193	+20,809	+47,231	+3,272	-33,298		+294	+2,552	+758	
22/01/18	13,100	-0.38%	8,749	+66,720	+25,017	-91,657	-26,819	-5,826	+745			-49,701	-10,056	
22/01/17	13,150	-2.23%	12,667	+251,834	-138,699	-216,485	-48,057	-5,336	-45,088		+120	-87,869	-30,255	
22/01/14	13,450	-1.10%	17,456	+405,607	-71,574	-202,581	-112,517	-3,936	-7,711	-2,392	+469	-73,230	-3,264	
22/01/13	13,600	0%	18,195	+193,463	-177,059	-197,846	+7,956	-6,183	-14,581		+1,569	-159,438	-27,169	
22/01/12	13,600	0.37%	13,248	+173,508	-23,885	-149,712	+132,518	-93,818	-42,091		+359	-142,526	-4,152	
22/01/11	13,550	-0.73%	14,191	+85,395	+20,019	-105,513	-57,094	-1,623	+52,080			-155,234	+56,358	
22/01/10	13,650	0.74%	12,489	+5,686	+255,167	-266,445	-162,438	-2,136	-1,664			-96,360	-3,847	
22/01/07	13,550	1.50%	18,382	-163,246	+149,782	+14,555	-35,545	+7,545	+22,374		-171	+27,498	-7,136	

[그림 3-33] LG유플러스 최종 매매 동향

위에서 본 LG유플러스는 2022년 2월 3일 [0796] 매매 동향에서 기관이 68만 564주를 매수한 것으로 최종 집계됐다. 장중 잠정 집계치인 1053창에서 기관 매수가 44만 5,000주로 나오는 것과 차이가 있다. 다시 한번 강조하지만, 장 마감 후에 나오는 0796창의 수치가 최종이므로 가장 정확하다.

외국이나 기관이 많이 매수한 종목을 최종 수치 기준으로 알고 싶다면 [0785] 외국인기관매매상위창을 사용한다. [0796]의 매매 동향을 외국인과 기관의 순매수 상위순으로 정리한 것이다. 이날

	외국인					국내기관				
	순매도		순매수			순매도		순매수		
종목명	금액	수량	종목명	금액	수량	종목명	금액	수량	종목명	금액	수량
KODEX 200선물	532.4	2,104.2	KODEX 200	741.6	202.7	신한 인버스 2	43.9	623.6	KODEX 200선물	253.6	1,015.7
삼성전자	1,159.1	158.1	SK하이닉스	1,591.9	128.4	신한 인버스 2	61.5	579.0	KODEX 코스닥1	362.2	316.7
TIGER 200선물	28.9	109.6	대원전선	20.0	108.2	삼성 인버스 2	82.7	300.2	KODEX 레버리	579.9	284.3
LG디스플레이	193.6	101.1	KODEX 인버스	42.0	96.6	KODEX 200	703.0	192.2	KODEX 인버스	89.1	205.6
펜오션	29.7	59.7	SH에너지화학	8.2	86.3	TRUE 인버스 2	35.6	167.1	TIGER 200선물	19.4	74.8
퍼스텍	20.6	48.8	삼성중공업	33.0	62.1	TRUE 인버스 2	10.7	65.9	LG유플러스	51.4	68.1
HMM	99.5	43.4	우리금융지주	80.5	54.9	LG디스플레이	105.6	54.5	삼성 레버리지	9.7	64.6
카카오	335.7	39.4	사조동아원	5.9	53.8	메리츠증권	31.6	49.9	미래에셋증권	50.7	58.4
금호에이치티	7.1	36.1	메리츠증권	33.0	52.0	카카오페이	492.6	40.7	KODEX 미국나	46.4	57.9
KEC	10.4	33.0	SG세계물산	3.4	49.6	두산중공업	71.4	39.6	신한 레버리	6.3	53.0
KODEX 코스피	15.5	32.5	삼성엔지니어	53.8	45.1	KODEX KIS부동	21.2	37.3	KODEX 코스닥	54.6	51.1
TIGER 차이나	52.2	32.5	쎄니전자	17.2	44.2	KODEX 미국나	39.3	36.1	신한 레버리	55.3	43.7
결혁시아에스	6.7	27.1	국보	6.9	41.6	SK하이닉스	384.6	30.9	이수페타시스	21.3	31.0
오리엔트바이	3.0	24.8	한화생명	11.9	39.7	제이콘텐트리	170.6	30.2	LG에너지솔루	1,363.7	29.7
한국항공우주	81.4	23.5	신원	8.0	38.1	HDC	20.1	28.3	한화생명	7.9	25.6
LG전자	292.3	23.2	한국전력	80.3	38.1	삼성중공업	13.6	25.7	KODEX 코스닥1	11.6	23.8
DB하이텍	161.3	21.8	신한지주	146.7	38.0	맥쿼리인프라	33.3	24.1	대우건설	11.2	19.1
진원생명과학	25.9	18.9	서울식품	1.1	37.5	KODEX 은선물(	10.5	22.7	삼성전자	142.4	19.0
한화에어로스	87.0	18.3	에이프로젠 ME	5.6	37.3	우리금융지주	33.1	22.6	대한제강	35.7	17.6
SK아이이테크	205.0	18.0	대동	47.3	37.3	TIGER 글로벌4	38.6	22.3	기업은행	16.8	16.1
대덕전자	34.4	15.8	두산중공업	65.2	36.3	TIGER 여행레	9.8	21.8	대한항공	45.2	15.7
현대제철	56.3	14.5	알루코	3.9	35.5	TRUE 인버스 2	2.9	20.9	마신 인버스	1.6	15.4
코리아써키트	40.8	14.4	대성에너지	30.7	33.9	서울식품	0.6	20.5	삼성 레버리지	33.2	14.6
성신양회	22.3	14.2	일동제약	134.7	32.1	하나금융지주	87.0	19.4	대동	17.6	14.2
넷마블	130.7	13.1	에이프로젠제	2.5	31.2	LG전자	218.4	17.2	TIGER 원유선	5.2	12.7

[그림 3-34] [0785] 외국인기관매매상위창

코스피 시장에서 LG유플러스는 ETF를 제외한 일반 주식 중에서 기관 순매수 1위를 기록했다. [1053] 잠정치에서 기관 매수 2위를 기록한 것과는 다소 차이가 있다. 잠정치는 잠정치일 뿐이다.

3) 실시간으로 기관의 매매 동향 추적하기

1051창은 장중에 기관의 매매 동향을 나타내기는 하지만, 아쉽게도 실시간으로 알려주는 것은 아니다. 어디까지나 특정 시점까지의 집계일 뿐이다. 그 시점까지는 매수로 나올지라도 그 이후에 기관이 갑자기 매도로 바뀔 수도 있는 것이다. 따라서 맹목적으로 1051창을 믿을 수는 없기에 실시간으로 기관 매수를 추적하는 것이 필요하다.

기관들은 주식을 매수할 때 특별한 패턴으로 매수를 한다. 개인들에 비해 상대적으로 큰 규모의 물량을 매수해야 하지만 큰 물량을 한 번에 다 매수할 수 없기 때문이다. 그래서 매 시간별로 동일한 물량을 매수하는 방식을 취하는 경우가 많다. 이 같은 주문 방식을 외국에서는 TWAP(Time Weighted Average Price) 주문이라고 부르고 우리나라에서는 CD(Careful Discretion) 주문이라고 한다. 이것은 평균 매수 단가를 관리하는 데도 용이하다.

만일 특정 주식을 하루 동안에 7만 8천 주를 매수해야 된다면, 한 번에 7만 8천 주를 다 사는 것이 아니라, 주식시장이 열리는 6시간 30분 동안 균등한 시간 간격을 두고 매수하는 것이다. 7만 8천 주를 6시간 30분 동안 균등히 매수하려면 1분당 몇 주를 매수해야 할까? 계산 결과 200주로 나왔다(78,000÷390분).

200주를 1분 간격으로 6시간 30분 동안 계속 매수하면 총 7만 8천 주를 매수하게 된다(200주×60분×6.5시간=78,000). 이 과정에서 체결창에는 1분마다 200주의 체결량이 나타나게 된다. 이러한 체결창의 특징을 포착해 기관 매수를 실시간으로 유추할 수 있다.

이를 응용해 당일의 최종 기관 매수 수량도 유추할 수 있다. 만일 200주의 체결량이 1분마다 체결창에 나타난다면, 200주×60분×6.5시간을 계산해, 오늘 기관이 총 7만 8천 주를 매수할 거라고 장중에 예상할 수 있다. 이것은 기관이 하루 종일 매수한다는 가정하에 계산을 한 것이다.

지금까지의 내용을 토대로 HTS 화면에서 기관 매수의 특징을 찾아 실시간으로 기관의 매매를 추적하는 방법에 대해 알아보자. 먼저 [0120] 미니체결창을 띄운다. 이 창은 실시간으로 해당 종목의 체결량을 보여준다. [0120]창의 상단에 있는 자물쇠 표시는 체결량을 표시하지 않고 멈추게 하는 기능이다. 장중에는 체결이 계속 이 뤄져서 원활한 분석이 불가능하므로 장중에는 이 자물쇠를 잠가야 한다.(1)

그다음에는 우측에 있는 화살표를 계속 클릭한다. [0120]창의 시 간의 항목이 9:00:00에 가까워질 때까지 계속 클릭한다. 화살표 표 시는 연속 조회를 뜻한다.(2)

이번에는 상단의 순간체결량 항목에서 '순간체결량'이라는 글자 를 클릭한다. 그러면 지금까지 거래된 체결량이 크기순으로 정렬된 다.(3)

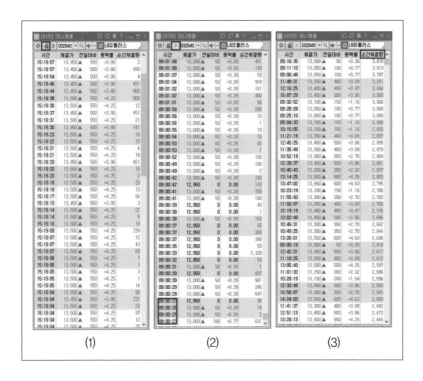

(1)   (2)   (3)

주식단타로 매일매일 벌어봤어?

이제 우측에 있는 스크롤바를 내리면서 체결량들을 살펴보자. 아까 위에서 설명한 대로 균등한 시간 간격으로 특정 체결량이 반복되고 있다면 그 물량은 기관으로 추정할 수 있다. 이 반복의 시간이 길고 수량이 클수록 신뢰도는 올라간다. 빨간색은 매수고 파란색은 매도다. 아래 첨부한 그림을 보면 LG유플러스는 기관이 아침 10시부터 오후 1시까지 1분 27초 간격으로 1,350주를 반복적으로 매수했으며(4), 오후 1시 이후에는 3분 34초 간격으로 201주(5), 3분 39초 간격으로 90주를 반복적으로 매수했다는 것을 알 수 있다.(6)

이를 분봉의 흐름과 종합해 분석해보자. 기관이 오전 10시부터

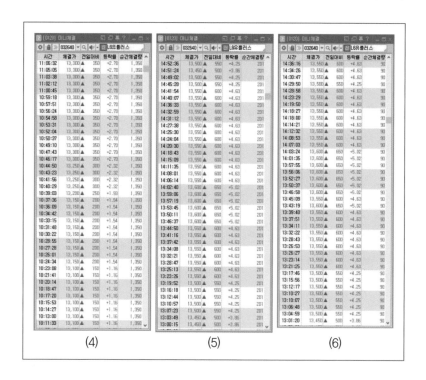

(4)   (5)   (6)

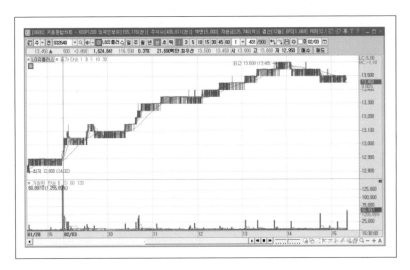

[그림 3-35] LG유플러스 분봉

오후 2시까지 1분 27초 간격으로 1,350주를 반복적으로 매수할 때
는 LG유플러스의 주가가 강하게 우상향했다. 하지만 오후 2시 이후
에 1,350주 매수가 멈추고 201, 90주의 약한 매수세가 이어지자 주
가는 상승폭을 축소하며 마감했다.

수급 매매의 관점에서는 오전에 기관의 매수가 계속 이어지는 구
간에서 기관과 함께 매수할 수 있었고, 오후 1시 이후에는 약해진
기관 매수를 근거로 비중을 줄이거나 매도로 대응할 수 있었다.

주식단타로 **매일매일** 벌어봤어?

5

시초가 매매

오전 9시는 주식시장에서 남다른 의미를 갖는다. 단순히 주식시장이 시작하는 시간이라는 것 이상의 의미가 있다. 바로 시가가 형성되는 시점인 것이다. 시가와 종가는 주가의 흐름을 결정하는 매우 중요한 요소 중의 하나다. 일봉차트에서 캔들의 위치와 모양을 결정하는 가격이기 때문이다. 이 때문에 시가와 종가는 개인이 만들지 못한다는 말이 있다. 오직 그 주가를 관리하고 통제하는 세력만이 만들 수 있다.

당일 전투의 시작점인 오전 9시의 시가를 위한 작업은 오전 8시 30분부터 이뤄진다. 이 시간대에 관심종목들의 예상가를 보면 자주 깜짝 놀라게 된다. 아무런 호재도 없는데 갑자기 예상가가 상한가가 나오거나, 아무런 뉴스도 없는데 하한가로 예상가가 나온다. 예상가가 상한가로 나오면 기분은 정말 좋다. 역시 내가 종목 선정을 잘했구나 하는 뿌듯함마저 든다. 하지만 이 기쁨은 오래 가지 못한다. 오전 9시로 다가갈수록 상승률이 점점 낮아지면서 결국 8시 55분에는 전일 종가와 비슷한 수준의 예상가로 수렴한다.

이 모든 것은 당일의 주가 흐름을 위한 작업이다. 허매수 물량과 허매도 물량을 이용해 일시적으로 큰 폭의 가격 변동을 만듦으로써 이를 본 개인 투자자들을 본인들의 의도대로 유도하기 위한 것이다. 최근에는 이런 것들을 역으로 생각하는 사람들이 많아지면서 세력들이 이를 다시 역으로 이용하는 경우도 있다. 따라서 예측보다는 수시로 변화의 흐름을 살펴보면서 대응을 잘하는 것이 더 중요해지고 있다.

오전 9시가 다가오는데도 큰 폭의 주가 변동 없이 일정한 예상 시가를 유지하고 있다면 눈여겨봐야 한다. 그 예상가는 진짜일 확률이 높다. 그리고 시가 형성 이후에 대량 매수세가 유입되면서 큰 폭의 상승을 나타낼 수 있다. 이때 시가에 매수하는 매매 방식을 시초가 매매라고 부른다. 시초가 매매에서는 단순히 시가와 일봉 차트뿐만 아니라 전일까지의 분봉 차트에 대한 분석이 매우 중요하다. 그리고 시가 형성 이후의 호가창과 매수세도 확인해야 한다. 이 모든 것이 맞아 떨어진다면 장이 시작하자마자 바로 큰 수익을 맛보게 될 것이다. 장 시작 직후의 급등 그리고 매우 빠른 종료, 이것이 시초가 매매의 큰 장점이다. 이 맛에 시초가 매매에 도전하는 사람들이 많아지고 있으며 한번 이 맛을 본 사람들은 쉽게 끊지 못한다.

대유플러스는 21년 4월 중순에 글로벌 전기 충전기 제조사인 시그넷EV와 업무협약 체결을 맺었다는 소식에 한차례 급등을 했고 그 이후에는 횡보하는 흐름을 나타냈다. 그리고 5월 말부터 완만하게 우상향을 하다가 6월 3일에 +3.08%에 시가를 형성하고는 10분 만에 +21.59%까지 급등했다. 시초가 매매로 이날 시가에 매수했다면 대성공이었다.

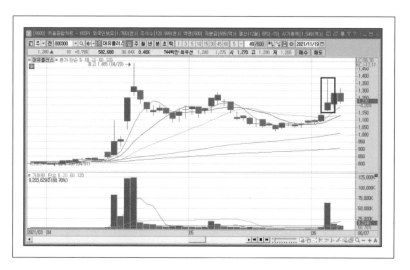

[그림 3-36] 대유플러스 일봉

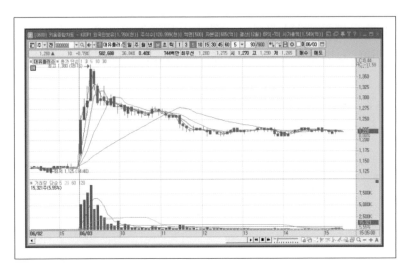

[그림 3-37] 대유플러스 분봉

NPC는 물류센터 증설에 따른 수혜가 기대된다는 증권사의 보고
서가 나오면서 21년 7월 14일에 장대양봉을 만들며 급등했다. 그리

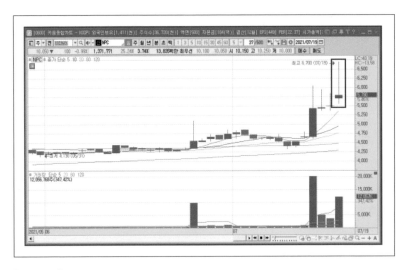

[그림 3-38] NPC 일봉

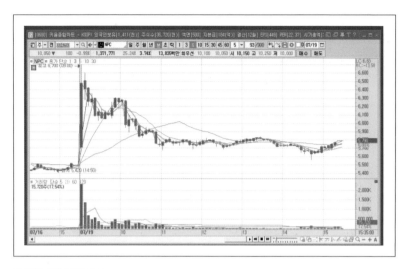

[그림 3-39] NPC 분봉

고 2일간 긴 윗꼬리 도지를 만들었는데 그다음 날 19일에는 +4.01%
에 시가를 형성하자마자 3분 만에 바로 +22%까지 급등했다.

1) 종목 선정 방식 두 가지

시초가 매매를 위한 종목 선정 방식은 크게 두 가지가 있다. 예상
가를 확인하는 것과 검색식을 이용하는 것이다. 예상가는 [0183] 예
상체결등락률상위창을 이용한다. 창의 상단에서 전체로 설정하고
상승률을 기준으로 하면, 당일 아침 9시에 시가가 (+)로 시작할 것으
로 예상되는 종목들을 쉽게 확인할 수 있다. 등락률, 예상 체결량, 매

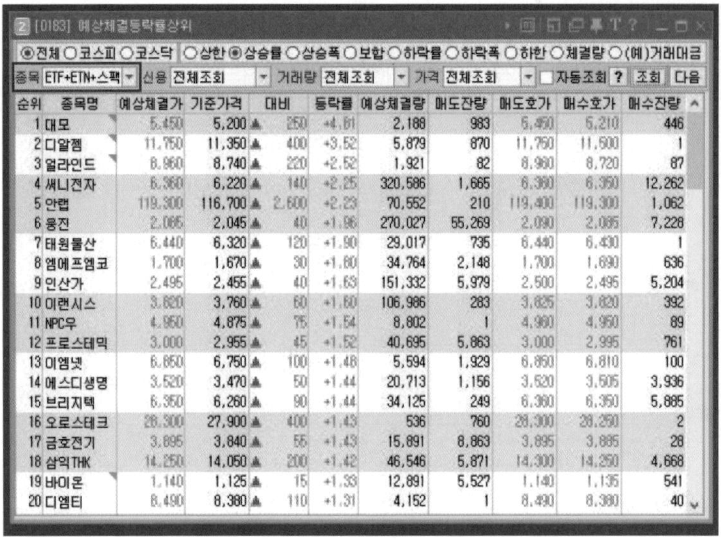

순위	종목명	예상체결가	기준가격	대비	등락률	예상체결량	매도잔량	매도호가	매수호가	매수잔량
1	대모	5,450	5,200	▲ 250	+4.81	2,188	983	5,450	5,210	446
2	디알젬	11,750	11,350	▲ 400	+3.52	5,879	870	11,750	11,600	1
3	얼라인드	8,960	8,740	▲ 220	+2.52	1,921	82	8,960	8,720	87
4	써니전자	6,360	6,220	▲ 140	+2.25	320,586	1,665	6,360	6,350	12,262
5	안랩	119,300	116,700	▲ 2,600	+2.23	70,552	210	119,400	119,300	1,062
6	웅진	2,085	2,045	▲ 40	+1.96	270,027	55,269	2,090	2,085	7,228
7	태원물산	6,440	6,320	▲ 120	+1.90	29,017	735	6,440	6,430	1
8	엠에프엠코	1,700	1,670	▲ 30	+1.80	34,764	2,148	1,700	1,690	636
9	인산가	2,495	2,455	▲ 40	+1.63	151,332	5,979	2,500	2,495	5,204
10	이랜시스	3,820	3,760	▲ 60	+1.60	106,986	283	3,825	3,820	392
11	NPC우	4,950	4,875	▲ 75	+1.54	8,802	1	4,960	4,950	89
12	프로스테믹	3,000	2,955	▲ 45	+1.52	40,695	5,863	3,000	2,995	761
13	이엠넷	6,850	6,750	▲ 100	+1.48	5,594	1,929	6,850	6,810	100
14	에스디생명	3,520	3,470	▲ 50	+1.44	20,713	1,156	3,520	3,505	3,936
15	브리지텍	6,350	6,260	▲ 90	+1.44	34,125	249	6,360	6,350	5,885
16	오로스테크	28,300	27,900	▲ 400	+1.43	536	760	28,300	28,250	2
17	금호전기	3,895	3,840	▲ 55	+1.43	15,891	8,863	3,895	3,885	28
18	삼익THK	14,250	14,050	▲ 200	+1.42	46,546	5,871	14,300	14,250	4,668
19	바이온	1,140	1,125	▲ 15	+1.33	12,891	5,527	1,140	1,135	541
20	디엠티	8,490	8,380	▲ 110	+1.31	4,152	1	8,490	8,380	40

[그림 3-40] [0183] 예상체결등락률상위

도잔량, 매수잔량까지 한눈에 파악할 수 있다는 점은 0183창의 큰 장점이다. 여기서 시가를 미리 확인하고 장 시작 직후에는 호가창과 거래량을 확인하면서 시초가 매매를 할 수 있다. 이때 ETF, ETN, 스팩주들까지 함께 나오는데, 이 종목들을 보고 싶지 않다면 왼쪽 상단의 '종목' 메뉴에서 'ETF+ETN+스팩 제외'를 선택하면 된다.

검색기를 이용해 시초가 매매 종목을 찾는 방식도 있다. 이때 시스템 트레이딩을 이용하면 일일이 개입하지 않아도 프로그램이 자동으로 시초가 종목을 사고팔기 때문에 매우 편하게 그리고 매우 짧은 시간 안에 돈을 벌 수도 있다. 시스템 트레이딩에 대해서는 다음 장에서 설명한다.

시초가 매매를 위한 검색식에는 장 시작 직후에 급등할 수 있는 종목을 포착하는 것이 관건이다. 앞서 언급한 시가, 일봉 차트, 거래량, 호가창 등을 검색식에 반영하면 확률을 크게 높일 수 있다. 이때 가장 주의해야 할 것은 큰 폭의 갭상승 시가다. 시가 갭이 크면 이전에 매수한 사람들의 매도 욕구가 강해지기 때문에 주가 상승이 어렵다. 그래서 갭상승 시가를 형성하고 바로 하락할 확률이 매우 높아 시가 고가 형태의 음봉이 출현하게 된다. 통상적으로 전일 대비 10% 이상의 갭상승은 주의하는 게 좋다.

시초가 매매 역시 난이도가 다소 있기 때문에 처음부터 큰 금액

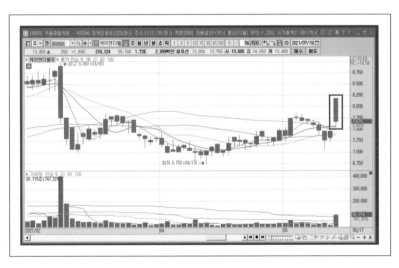

[그림 3-41] 큰 폭의 갭시가는 시초가 매매에서 주의해야 한다

으로 하기보다는 주가 흐름을 먼저 익히고 나서 도전하기 바란다. 또한 모든 매매가 마찬가지지만, 생각한 것과 반대로 주가가 움직일 때는 손절을 통해 위험관리를 해야 한다.

6

종가 매매

주식 투자를 하는 직장인들이 사이에서 가장 큰 인기를 끌고 있는 매매법이 바로 종가 매매다. 종가에 베팅한다고 해서 종가 베팅, 줄여서 종베라고 부른다. 주식시장이 끝나는 오후 3시 30분에 형성되는 종가에 매수하고 그날 오후의 시간외 매매나 다음 날 아침에 수익을 실현하는 것이다.

오후 3시 30분에 한 번만 집중하면 되기 때문에 장중에 주식시장을 편하게 볼 수 없는 직장인들이 특히 선호하는 매매다. 종가에 매수한 이후에는 10분마다 거래가 이뤄지는 시간외에서 매도 주문을 미리 내놓거나 다음 날 아침에 미리 매도주문을 하면 되기 때문에 너무나도 편하다. 위험자산인 주식을 보유하고 있는 기간이 매우 짧다는 큰 장점도 있다. 그래서 종베는 이제 직장인들뿐만 아니라 전업 투자자에게 있어서도 상따와 더불어 필수 매매 기법이 돼버렸다. 어떻게 보면 상한가 따라잡기도 상한가 종가에 매수하는 것이므로 종가 베팅의 일종으로 볼 수도 있다.

나도 예전에는 종가 베팅이 너무나도 하고 싶었다. 하지만 고수들의 종가 베팅 내역을 아무리 연구해 봐도 도저히 이해할 수 없었다. 다행히도, 열심히 공부한 덕분에 이제 종가 베팅은 내가 가장 잘하는 매매 중 하나가 됐다.

종가 베팅의 목표 수익률은 상한가 따라잡기와는 많이 다르다. 상한가 따라잡기는 그다음 날 최소 5~7%의 갭상승이 목표지만, 종

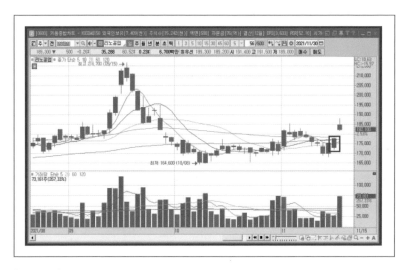

[그림 3-42] 종가 베팅의 예시① - 다음 날의 갭시가는 +4.11%였다

주식단타로 매일매일 벌어봤어?

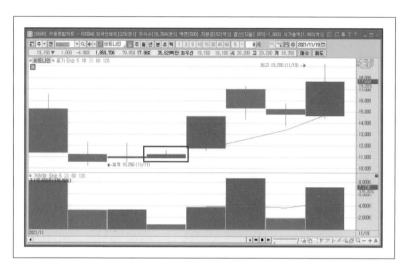

[그림 3-43] 종가 베팅의 예시② - 신규 상장주였지만, 다음 날 +4.89%의 갭시가를 보여줬다

가 베팅은 평균적으로 2~3%의 갭상승을 목표로 한다. 물론 종가 베팅의 기법마다 목표 수익률이 다를 수는 있다. 그리고 단순히 갭 상승만 노리는 게 아니라 추가 상승을 목표로 하는 종가 베팅 기법 도 있다.

1) 다음 날 갭상승 나올 종목을 찾는 게 핵심이다

어떤 장기 투자 전문가에게 종가 베팅에 대해 어떻게 생각하냐고 물었다고 한다. 그 전문가는 "밤사이에 어떤 일이 벌어질지 모르는 데, 어떻게 하룻밤씩이나 버틸 수 있냐"며 종가 베팅은 위험한 매매라고 했다고 한다. 그 말을 들은 나는 이렇게 답했다.

"하룻밤도 무서워하는 사람이 수십 수백 밤 동안의 장기 투자는 어떻게 할까요?"

종가에 매수하는 이유는 매우 간단하다. 장중에 매수하면 변동성이 크기 때문이다. 장중에 매수하면 하락할 확률도 높기 때문에 그만큼 위험도 높아진다. 하지만 종가에 매수하면 주식시장이 끝났기 때문에 하락 위험은 현저히 줄어든다. 그리고 종가는 주가를 관리하는 세력들이 만들었기 때문에 세력들의 움직임에 편승한다는 의도도 있다.

한 가지 분명히 해야 할 것이 있다. 종가 베팅의 매수를 오후 3시 30분에 한다고 해서, 오후 3시 29분에 차트만 얼핏 보고 바로 종베를 하는 것은 아니라는 것이다. 그 전에 오늘과 최근의 주가 흐름에 대한 분석을 미리 다 끝내놓고 매수만 종가에 할 뿐이다. 나는 점심시간을 마치고 컴퓨터 앞에 앉는 오후 1시부터 오늘의 종베 종목에 대한 분석을 시작한다. 그리고 수시로 그 종목을 살펴보면서 주가의 흐름을 파악하려고 노력한다. 그래야 종베를 들어가도 마음이 편하다. 그러지 않은 상태에서 매수를 하게 되면 불안해서 장이 끝나도 계속 컴퓨터에서 눈을 떼지 못한다.

그리고 이름 그대로 종가 베팅은 오후 3시 30분의 종가에 매수하는 것이 맞지만, 최근에는 매수 시간이 점점 빨라지고 있다. 빠르면 오후 2시 30분이나 3시부터 시작하는 사람도 있고 정말 빠른 경우에는 오후 2시에 매수하기도 한다. 이게 장중 매수인지 종가 매수인지 구별이 안 갈 정도다. 선택은 자율이다. 종가 베팅을 처음 하는 초보자는 최대한 종가와 가까운 시간에 매수하고 실력이 높은 중수 이상은 시간에 관계없이 본인의 판단하에 진입하면 된다.

종가 베팅의 목표는 그날 시간외 매매에서의 상승 혹은 다음 날 아침의 갭상승이다. 따라서 그날 시간외 매매에서 상승할 수 있는 종목을 찾는 것 그리고 다음 날 아침에 갭이 떠서 시작할 수 있는 종목을 찾는 것이 핵심이다. 그렇다면 과연 어떤 종목이 종가 베팅으로 수익을 줄 수 있을까?

종가 베팅으로 진입할 때의 논리는 여러 가지가 있다. 외국인과 기관의 수급을 기반으로 할 수도 있고, 차트를 기반으로 할 수도 있다. 그만큼 종가 베팅의 종류도 다양하다. 나도 한 가지 방식의 종베가 아닌, 여러 가지 방법의 종가 베팅을 구사한다. 참고로 종가 베팅도 수급주와 세력주에 따라 접근하는 방식이 다르다. 오후 3시 30분 정각에 체결되는 종가의 특성상 수많은 사람들이 동시에 매수하면 종가에 왜곡이 발생할 수 있다는 점도 미리 말해둔다.

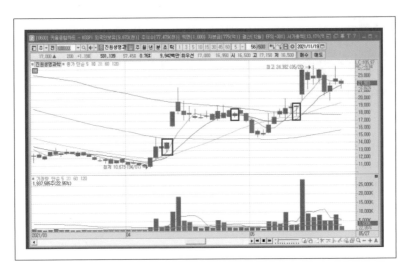

[그림 3-44] 진원생명과학 종가베팅

　진원생명과학은 2021년 4월과 5월에 개발 중인 코로나 치료제가 부각되면서 큰 상승세를 나타냈다. 그림에서 빨간색 네모 구간은 종가 베팅으로 매수한 캔들이다. 첫 번째 사각형인 윗꼬리 양봉 단봉에서는 다음 날 16.37%의 갭시가가 나왔고, 두 번째 사각형인 음봉에서는 다음 날 2.45%의 갭상승이 나왔으며, 마지막인 세 번째 사각형에서는 다음 날 8.52%의 갭상승을 보여줬다. 특히 첫 번째와 세 번째 사각형에서는 다음 날의 갭시가 이후에 큰 폭의 추가 상승이 나왔는데, 매도를 늦게 해서 이 부분까지도 수익을 취할지는 선택 사항이다.

7

시간외 단일가 매매

주식시장의 정규 운영시간은 오전 9시부터 오후 3시 30분까지다. 하지만 이 시간 동안에 거래를 못한 사람들을 위해 그리고 정규 운영시간 외에 나오는 뉴스와 공시들로 인한 추가 거래의 필요성에 의해 시간외 매매라는 제도를 운영하고 있다.

시간외 매매는 두 가지 종류가 있다. 시간외 종가 매매와 시간외 단일가 매매다. 시간외 종가 매매는 다시 장전 시간외 종가 매매와 장후 시간외 종가 매매로 나뉜다. 장전 시간외 종가 매매는 오늘 장 시작 전에 전일 종가로 거래하는 것이고, 장후 시간외 종가 매매는 장 마감 후에 오늘 종가로 거래하는 것이다.

시간외 매매의 종류

구분		시간	가격	비고
시간외 종가 매매	장전 시간외 종가 매매	오전 8:30~8:40	전일 종가	
	장후 시간외 종가 매매	오후 3:40~4:00	당일 종가	
시간외 단일가 매매		오후 4:00~6:00	당일 종가 대비 ±10% 이내	10분 간격 체결

이 중에서 우리가 주목해야 할 것은 시간외 단일가 매매다. 오후 4시부터 6시까지 10분마다 거래가 이뤄지고, 당일 종가 대비 위아래로 10%의 등락이 가능하다. 그래서 이 시간대의 주가 변화를 이용한 매매가 최근에 활발히 이뤄지고 있다. 장 마감 후에 호재가 발생한 경우, 시간외에서 상한가에 들어가기도 하고, 악재가 나온 경우에는 시간외 하한가가 발생하기도 한다. 더 재미있는 것은 별다른 이유 없이 시간외 단일가 매매에서 상한가에 진입하는 종목들도 있다는 사실이다. 따라서 오전의 정규시간에 시간적 여유가 없는 사람이라면 시간외 단일가 매매에 집중하는 것도 하나의 방법이 될 수 있다. 예전에는 오후 3시 30분이 되면 전업 투자자들도 컴퓨터를 끄는 경우가 대부분이었지만 시간외 단일가 매매의 중요성이 부각되면서 이제는 전업 투자자들도 시간외 단일가 매매에 신경을 많이 쓰고 있다.

가장 쉬운 시간외 단일가 매매 방법은 장 마감 이후에 좋은 뉴스나 공시가 나왔을 때 시간외 단일가 매매에서 매수하고 그 이후에

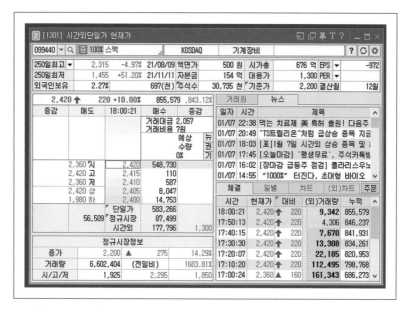

[그림 3-45] 스맥은 로봇산업의 성장 기대감으로 2022년 1월 7일 시간외 매매에서 상한가에 들어갔다

상승 시 매도하거나 다음 날 장중에 그 호재로 인해 급등했을 때 매도하는 것이다. 앞에서 설명했던 뉴스를 활용한 시황 매매의 일종인데 매수를 장중이 아닌 장 마감 후에 하는 것이라고 보면 된다.

가상화폐 관련주인 비덴트는 2021년 11월 18일에 급등을 했으나 상승에 의한 피로감에 의해 조정을 받아 다음 날인 19일에는 전일 대비 −7%로 마감했다. 그리고 장중의 강한 매도세는 시간외에서도 이어져 당일 종가 대비 소폭 하락세를 나타냈다.

[그림 3-46] 비덴트의 일봉

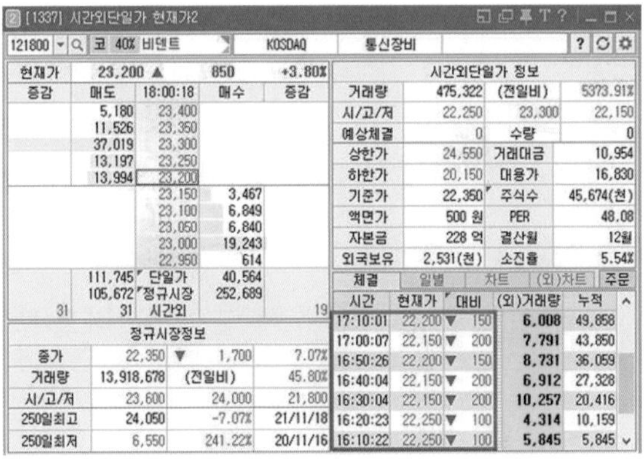

[그림 3-47] 비덴트 시간외 단일가(1)

그렇게 시간이 흘러가나 싶었는데 오후 5시 30분부터 갑자기 주가가 반등하기 시작했다. 호재가 나온 것이었다. 가상자산 거래

주식단타로 매일매일 벌어봤어?

소 2위인 빗썸의 사업자 신고가 금융위에서 수리됐다는 내용이었다. 비덴트는 빗썸의 운영사인 빗썸코리아와 빗썸홀딩스에 각각 10.25%, 34.22% 주가를 보유한 최대주주 기업이기 때문에 비덴트의 주가가 가장 먼저 반응했다. 결국 비덴트는 이날 시간외에서 당

[그림 3-48] 장 마감 후에 나온 빗썸 뉴스

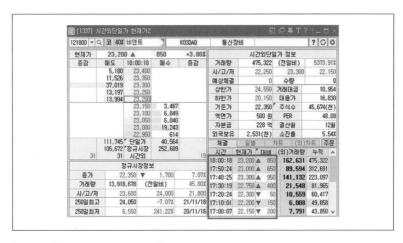

[그림 3-49] 비덴트 시간외 단일가(2)

일 종가 대비 3.8% 상승한 가격에 끝났다. 그리고 다음 날 정규시장에서는 고가 +17.45%를 기록했다. 시간외에서 매수를 했어도 큰 수익을 얻을 수 있던 좋은 기회였다.

1) 최고 난이도는 시간외 상따

시간외 단일가 매매의 가장 고난이도는 시간외 단일가 상한가 따라잡기(시간외 상따)다. 오후 4시 이후에 호재가 나와서 시간외 단일가 매매에서 상한가에 들어갈 때 상한가 따라잡기로 같이 매수하는 것이다. 시간외 단일가 매매에서는 가격 상한이 당일 종가 대비 10%로 제한돼 있어서 그 이상의 상승은 불가능하다. 하지만, 다음 날 정규 운영시간인 장중에는 +30%까지도 가능하기 때문에 다음 날 아침 시가는 전일 시간외 상한가보다 높은 가격에서 시작할 수도 있다. 즉, 시간외 상한가로 당일 종가 대비 10% 상승한 가격에 매수를 할지라도 다음 날 아침이나 장중에 이 가격보다 더 높으면 수익이라는 논리다. 호재로 인해 다음 날 아침에 큰 폭의 갭상승 시가가 예상될 때 매우 유용한 매매 방식이다.

2020년 3월 5일, 나는 그날의 매매를 마치고 산책을 하러 사무실 뒷산으로 올라가고 있었다. 신호등의 불이 바뀌기를 기다리는 동안에 잠시 핸드폰을 꺼냈다. 그때 뉴스 하나가 눈에 띄었다. 전 세계에서 우리나라의 코로나 진단키트 기업인 씨젠에게 진단키트 지원 요청을 했다는 내용이었다.

주식 투자를 하는 사람으로서 이 뉴스를 보고 가만히 있을 수가 없었다. 바로 MTS의 시간외 단일가 현재가창을 열어 씨젠의 주가를 확인했다. 뉴스가 그 사이에 전파돼서인지 이미 주가는 시간외에서 상승세를 나타내고 있었다. 오늘 종가 37,200원보다도 약 3% 가량 상승한 가격이었다. 하지만 그 가격에라도 매수를 해야 할 것 같았다. 뉴스가 더 전파되면 매수세가 몰리면서 체결가가 더 상승할 것 같은 마음에, 예상 체결가보다 좀 더 높은 가격에 매수 주문을 넣었다. 잠시 뒤 산으로 올라가는 길에 매수 주문이 체결됐다는 소리가 들려왔다. 산에서 내려오는 길에 다시 한번 주가를 확인했

♠ 홈 · 경제 · 경제일반

[주식] 씨젠(-0.67%) 코로나 감염국들 SOS 쇄도... "진단키트 보내달라"

5일 ▨▨일보 단독 보도에 따르면 진단키트 전문기업 씨젠은 유럽연합(EU)를 중심으로 세계 30여개 국가로부터 최근 코로나19 진단키트 주문이 몰려들고 있다고 밝혔다. 국가 중에는 이탈리아, 독일, 프랑스, 영국, 스위스등 유럽국가 뿐만 아니라 이스라엘, 사우디아라비아, 아랍에미리트연합(UAE), 태국 등이 포함돼 있는 것으로 전해졌다. 특히 이중 일부 국가는 정부차원에서 긴급요청이 강하게 들어오고 있다고 밝혔다.

이에 씨젠은 지난달 말 기준 10%정도를 수출하고 있었으나 이달 비중을 25%까지 늘려나가고 있다. 서울 송파 씨젠 본사 겸 생산공장에서는 국내외 주문물량을 맞추기 위해 24시간 생산설비를 가동하고 있는 것으로 알려졌다.

[그림 3-50] 씨젠 뉴스

다. 주가는 시간외에서 상한가에 임박해 있었다. 나는 충분한 수익이 났다고 생각해서 시간외 상한가 부근에서 매도를 했다. 하지만 누군가는 시간외 상따를 했음이 틀림없다.

임은 그렇게 떠났다. 씨젠은 다음 날 아침에 전일 대비 16.67% 상승한 가격에 시가를 형성했고 결국 상한가로 마감했다. 시간외 상따를 해서 다음 날 시가에만 팔았어도 약 6% 수익이 발생한 것이다. 게다가 씨젠은 그다음 날에도 상한가에 들어가 62,800원에 고가를 찍었다. 나를 약 올리려고 작정했는지 보란 듯이 2연상을 기록한 것이다.

체결	일별		차트	(외)차트	주문
일자	종가	대비	등락률	(외)거래량	^
03/05	40,900 ↑	3,700	+9.95%	384,630	
03/04	37,100 ▼	350	-0.93%	46,383	
03/03	40,550 ▼	250	-0.61%	50,550	
03/02	40,100 ▼	300	-0.74%	53,256	
02/28	36,150 ▼	350	-0.96%	115,526	
02/27	34,150 ▼	50	-0.15%	29,578	
02/26	34,950 ▲	1,300	+3.86%	128,300	˅

[그림 3-51] 시간외 단일가 거래에서 상한가에 들어간 씨젠

시간외 단일가 매매가 활발해지자, 시간외 예상가에 큰 변동을 주면서 장난치는 사례가 점점 많아지고 있다. 세력들의 의도대로 투자 심리를 조종하려는 수법도 점점 교묘해지고 있다. 오후 4시에 시간

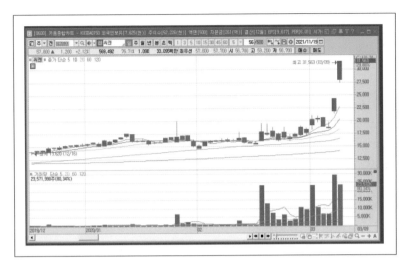

[그림 3-52] 씨젠 일봉

외 단일가 매매가 시작되자마자 예상가를 상한가로 만들어서 보유
자들을 잠시나마 환상에 빠뜨린다. 이 장난은 체결이 이뤄지는 4시
10분까지도 계속 이어진다. "과연 진짜 상한가일까?"하고 시간외
현재가창에서 눈을 떼지 못하게 한다. 하지만 결국은 당일 종가 부
근이나 소폭 상승한 가격에서 체결되고 만다. 반대로 시간외에서 하
한가로 급락할 것처럼 계속 겁을 주지만 체결가는 당일 종가 부근에
서 끝나는 경우도 많다. 대부분은 투자 심리를 조종하려는 것이다.

따라서 큰 악재나 호재가 없다면 시간외 단일가 매매에서의 주가
변동만 가지고는 일희일비할 필요 없다. 시간외에서 하락했다고 해
서 다음 날에도 반드시 하락하는 것은 아니다. 극히 일시적인 주가
변동의 하나라고 여기면 된다.

8

하한가 따라잡기(하따)

하한가 따라잡기는 상한가 따라잡기의 반대 개념이다. 주식시장에서 개별 종목의 주가가 일별로 하락할 수 있는 최저 가격이 하한가인데, 이 하한가에 주식을 사는 것이다. 하루의 가격 변동 제한은 상승과 하락 모두 30%다. 전일 종가가 1만 원이라면 하한가는 −30%인 7,000원이다. 참고로 상한가와 하한가의 가격 차이는 총 60%다(상한가 +30%에서 하한가 −30%까지).

하한가 따라잡기를 하는 이유는 단 하나다. 하한가가 풀릴 때 일시적으로 수급이 들어오면서 주가가 반등하는 것을 노리는 것이다. 인트로메딕은 전일 80% 비율의 감자 공시가 나오면서 2021년 11월 10일에 하한가로 마감했다. 하지만 분봉을 보면 오전 9시 36분

에 하한가인 4,040원에 도달하고 바로 반등이 나와서 4,330원까지
약 7%의 반등을 보여줬다.

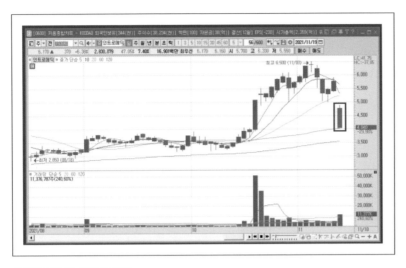

[그림 3-53] 인트로메딕 일봉

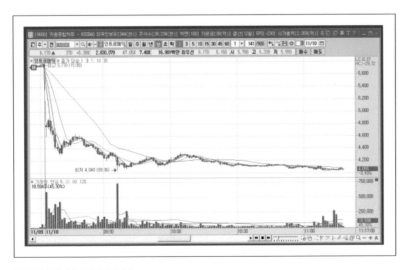

[그림 3-54] 인트로메딕 분봉

내가 아는 하한가 따라잡기의 고수는 본인이 직접 하한가 물량을 다 사들여서 하한가를 풀기도 한다. 그리고 개인 투자자들이 이를 보고 따라 들어와서 주가가 반등하면 적정한 수익권에서 전량 매도한다. 이처럼 직접 하한가 물량을 다 사들이기 위해서는 막대한 자금이 필요하기 때문에 일반인들이 따라 하기는 어렵다. 주식시장에는 이런 일도 있구나 하고 참고만 하면 된다.

단순히 주가만 놓고 보면 당일의 최저가이기 때문에 가격 부담이 없어서 사람들이 쉽게 매수할 수 있다. 하지만 하한가 따라잡기는 이 장에서 설명하는 테크닉 중에서 가장 위험한 기법이다. 이 장에서 가장 마지막 부분에 하한가 따라잡기를 소개한 이유가 있다. 하한가이기 때문에 내가 팔고 싶어도 사주는 사람이 없으면 주식을 팔 수가 없다. 수북이 쌓여있는 매도호가는 하한가라도 팔고 싶어 하는 사람들의 심리를 나타낸다.

그리고 하한가 따라잡기로 들어가서 반등이 나오면 다행인데 그렇지 않을 경우 다음 날 추가 하락의 위험도 있다. 하한가이므로 다음 날 큰 폭의 갭하락으로 시작할 확률도 높다. 그래서 이 부분은 다른 테크닉들보다 더 많은 연구와 분석이 필요하다. 초보자들은 가급적 안 하기를 권한다. 특히 관리종목, 환기종목 등은 더더욱 주의하는 게 좋다.

1) 하한가 유형 분석

(1) 장대음봉형

시가는 전일 종가와 큰 차이 없이 시작했으나 시간이 지날수록 하락이 심해지면서 하한가에 도달해 장대음봉을 만든 경우다. 보유 자의 경우에는 하락 초반에 손절을 했다면 큰 손실을 피할 수 있었 을 것이다.

세종메디칼은 투자한 회사인 제넨셀이 경구용 코로나19 치료제 의 국내 제2·3상 임상시험계획을 식품의약품안전처로부터 승인 받았다는 소식이 나왔음에도 당일에 주가가 급락해 2021년 10월 27일에 하한가로 마감했다. 하지만 분봉을 보면 이날 최초로 하한

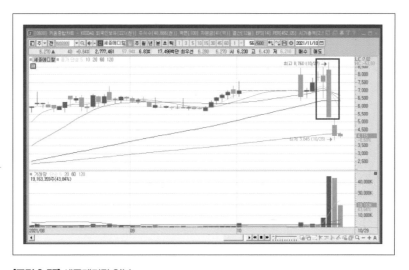

[그림 3-55] 세종메디칼 일봉

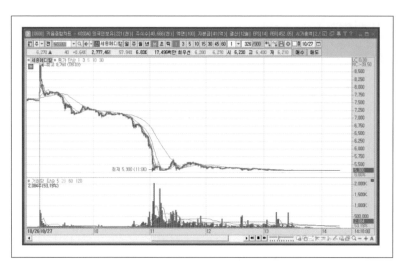

[그림 3-56] 세종메디칼 분봉

가인 5,300원에 도달하자마자 바로 반등이 나왔고 그 이후에도 하한가가 계속 풀리면서 5,680원까지 약 6%의 반등을 했다.

(2) 역T자형

시가는 하한가로 시작했으나 중간에 반등이 나오면서 수익구간을 준 이후에 다시 하한가로 마감한 패턴이다. 일봉차트에서는 알파벳 T를 거꾸로 한 모양으로 나와서 역T자형이라고 부른다. 하한가 진입 이후에 반등하는 횟수는 한 차례가 될 수도 있고 상한가의 지렁이 패턴처럼 여러 차례의 반등이 나올 수도 있다.

자안바이오는 반기 감사보고서에서 부적정 의견을 받아 관리종

주식단타로 매일매일 벌어봤어?

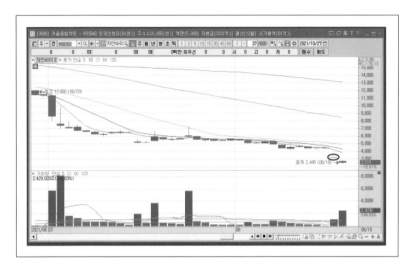

[그림 3-57] 자안바이오 일봉

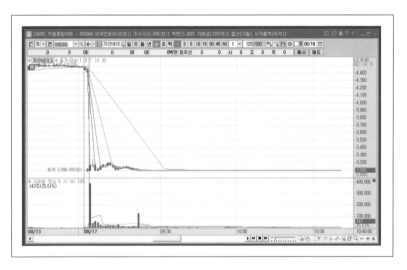

[그림 3-58] 자안바이오 분봉

목 지정 사유가 발생해 하한가로 마감했다. 분봉으로 보면 이날 아침에 하한가 진입할 때부터 3%대의 반등이 나왔고 2차례의 하한가

진입과 3%대 반등을 반복했다. 결국에는 일봉상 역T자형 하한가가
출현했다.

(2) 윗꼬리형

시가 형성 이후에 상승을 했지만 결국 매도세를 못 이기고 하락
해 하한가로 마감한 경우다. 상승 구간에서 매수를 했는데 손절을
못 했다면 당일 하루 만에 큰 손실을 볼 수도 있다. 이 과정에서 일
봉차트에는 윗꼬리 음봉이 나오게 된다.

원풍물산은 4사업연도 연속 영업손실이 발생해 관리종목 지정
우려가 생겼다고 한국거래소에서 발표하면서 2022년 2월 15일에

[그림 3-59] 원풍물산 일봉

주식단타로 매일매일 벌어봤어?

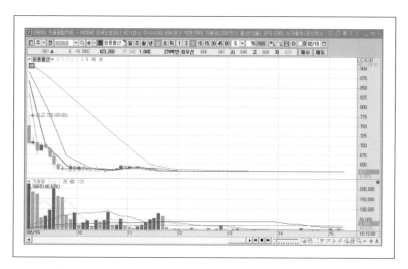

[그림 3-60] 원풍물산 분봉

−16%로 시가가 형성됐다. 이후에 반등이 나오긴 했으나, 3월의 상 장폐지 시즌을 앞둔 시점이라 매도 심리가 더 크게 작용해 추가하 락하고 말았다. 결국 일봉상 윗꼬리형 하한가를 만들며 마감했다.

(4) 점하한가형

점하한가는 오전 9시부터 하한가로 시작한 유형이다. 해당 주식 의 보유자들은 시작하자마자 전일 대비 30% 하락한 주가를 보기 때문에 충격을 받을 수밖에 없다. 점하한가는 다음 날에도 큰 폭으 로 추가 하락할 확률이 높아서 다른 하한가들 중에서 특히 더 주의 해야 한다. 물론 하한가 가격을 저가로 해서 반등이 나오면서 양봉 으로 마감하는 경우도 있기는 하나, 위험 관리 차원에서 매우 주의

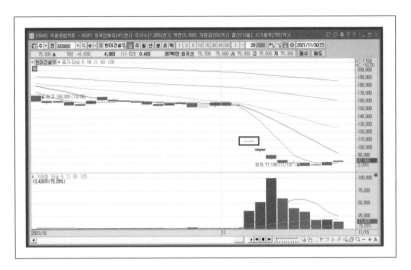

[그림 3-61] 현대건설우 일봉

해야 한다.

현대건설우는 현대건설의 유상증자 신주상장 예정일이 다가오면서 투자자들이 차익 실현에 나서면서 아무런 반등도 나오지 않은 채 점하한가로 마감했다.

오스코텍은 개발하고 있던 류마티스 관절염 치료물질이 평가지표에 미달성했다는 소식으로 하한가 부근인 −28.8%에 시가를 형성했으나 바로 큰 반등이 나왔다. 그리고 추가 하락해 하한가에 진입했으나 하한가와 이탈을 반복하더니 결국은 18%의 큰 반등을 보여주며 양봉으로 마감했다. 점하한가에서 반등이 나온 유형으로 이해하면 될 것이다.

[그림 3-62] 오스코텍 일봉

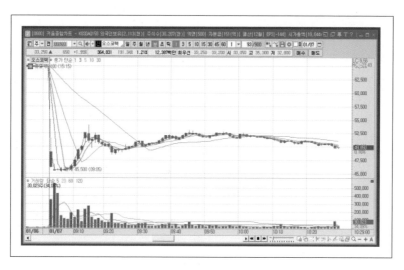

[그림 3-63] 오스코텍 분봉

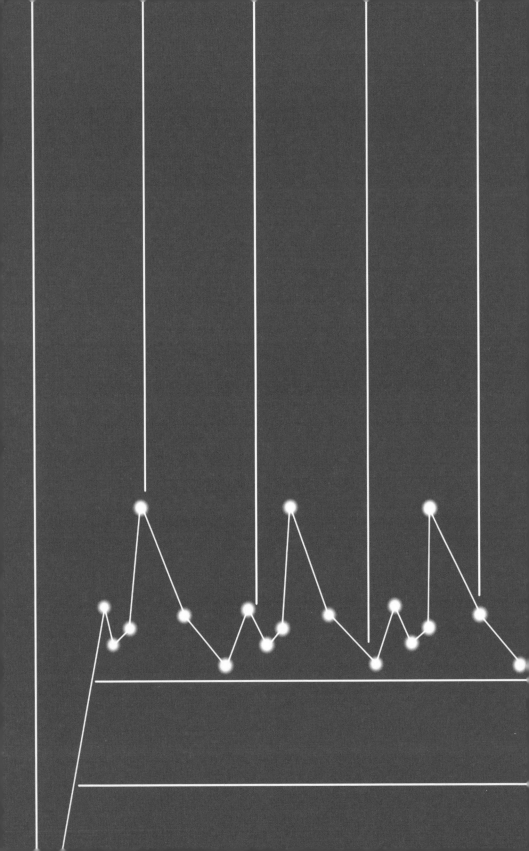

4장

단타에 유용한 팁

주린이를 위한 실전 단타 입문서

1

단기 트레이더는
이렇게 주식을 구분한다

    일반적으로 주식을 분류하는 방식은 자본금과 시가총액에 따라 대형주, 중형주, 소형주로 구분하는 것이다. 이 방식에 따르면 대형주는 자본금이 750억 이상이며 시가총액이 크고 거래량도 많은 주식이다. 영어로는 Large Cap(라지 캡)이라고 한다. 이름만 들으면 누구나 아는 삼성전자, 현대차 같은 대기업들이 대형주에 속한다. 보통 5만 원 이상의 고가의 주식이고 코스피에 속해 있다. 하지만 중소형주들에 비해 주가의 등락이 작은 편이고 장기적인 성장성이 있기 때문에 장기 투자에 적합하다. 안정적인 배당수익도 기대할 수 있다. 따라서 큰 규모의 자금을 운용하는 외국인과 기관이 주로 매매한다.

중형주는 자본금이 350억~500억인 주식들을 뜻하고 영어로는 Mid Cap(미드 캡)이라고 한다. 소형주는 시가총액도 작고 자본금이 350억 미만이며 거래량도 상대적으로 적은 주식들을 의미한다. 영어로는 Small Cap(스몰 캡)이라고 한다. 보통 1만 원 미만의 저가주식들이고 코스닥에 속해 있다. 중소형주는 시가총액이 작기 때문에 주가 등락이 큰 편이다. 따라서 적은 투자 금액으로 큰 수익을 원하는 개인 투자자들이 주로 단기 매매에서 주로 활용한다.

흔히 대형주와 중형주를 우량주라고 부른다. 회사가 우량하고 탄탄하다는 의미다. 하지만 주식 투자는 돈을 벌기 위해서 하는 것이다. 아무리 회사가 좋아도 나에게 수익을 가져다주지 못하면 우량주가 아니라 불량주다.

일반적인 주식 분류 방식

	자본금	주가	소속	매매 방식
대형주	750억 이상	5만 원 이상	코스피	장기 투자
중형주	350억~ 500억	1만 원~5만 원	코스피·코스닥	장기 투자 단기 매매
소형주	350억 미만	1만 원 미만	코스닥	단기 매매

주식을 블루칩(Blue Chip)과 옐로칩(Yellow Chip)으로 나눠 부르기도 한다. 블루칩은 대형 우량주로서 오랜 시간동안 안정적인 이익을 창출하고 배당을 지급해온 주식들을 의미한다. 카지노에서 사용

되는 흰색, 빨간색, 파란색 세 종류의 칩 가운데 가장 가치가 높은 것이 블루칩이라는 점에서 유래했다. 일반적으로 시가총액이 크고, 각 업종을 대표하는 회사의 주식으로 외국인과 국내 기관 투자자들이 특히 선호한다. 삼성전자, 현대차 등 초우량기업의 주식이 해당된다.

옐로칩은 블루칩에는 못 미치는 중저가 우량주를 가리킨다. 블루칩보다는 시가총액이 적지만 재무구조가 안정적이고, 해당 업종을 대표하는 회사의 주식들이 해당된다. 가격 부담이 적고 유통 물량이 많아 블루칩보다 더 높은 주가 상승을 기대할 수 있다.

최근에 주식 용어가 부동산이나 다른 재테크 분야로 확산되는 경우가 많다. 월 수익 1천만 원을 뜻하는 월 천은 주식 투자 분야에서 시작된 말인데, 이미 재테크 분야에서 가장 뜨거운 키워드 중의 하나로 자리 잡았다. 아파트를 칭할 때도 주식 용어들을 사용해 대장주 아파트, 블루칩 아파트, 옐로칩 아파트라고 부르기도 한다.

단기 매매를 주로 하는 트레이더들은 일반적인 방식과 다른 방식으로 주식을 분류한다. 수급주와 세력주로 주식을 구분하는 것이다.

	매매 주체	매매 방식	비고
수급주	외국인 · 기관	수급 매매	대형주 · 중형주
세력주	개인	세력주 매매	소형주(테마주)

주식시장에는 3대 주체가 있다. 개인, 기관, 외국인이다. 수급주는 외국인과 기관의 개입이 많은 종목이다. 이것은 HTS에서 쉽게 확인할 수 있다.

수급주의 대표주인 삼성전자의 경우에는 매매 동향 창에서 기관의 영역에 빈 공간이 거의 없을 정도로 기관의 개입이 많다는 것을 알 수 있다. 그래서 보통 수급주는 시가총액이 큰 중대형주들이 해당된다.

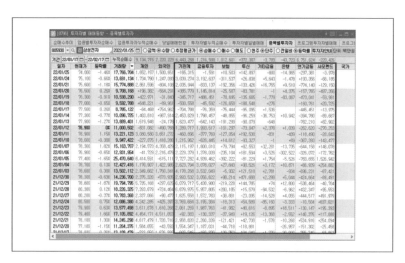

[그림 4-1] 수급주의 매매 동향

수급주의 반대 개념은 세력주다. 세력주는 외국인과 기관의 개입이 거의 없고 개인이 주로 매매를 하는 종목이다. 매매 동향 창을 보면 기관의 영역이 거의 비어 있다. 기관의 개입이 거의 없다는 의미다. 위에서 본 삼성전자의 매매 동향과 매우 큰 대조를 보인다. 한편, 외국인은 매매에 참여를 하는 것으로 나오지만, 이 외국인은 진짜 외국인이 아닌 가짜 외국인이다. 한국인이 외국계 창구를 통해 매매를 해서 외국인처럼 보이게 하는 것이다. 이 외국인을 '검은 머리 외국인'이라고 부른다.

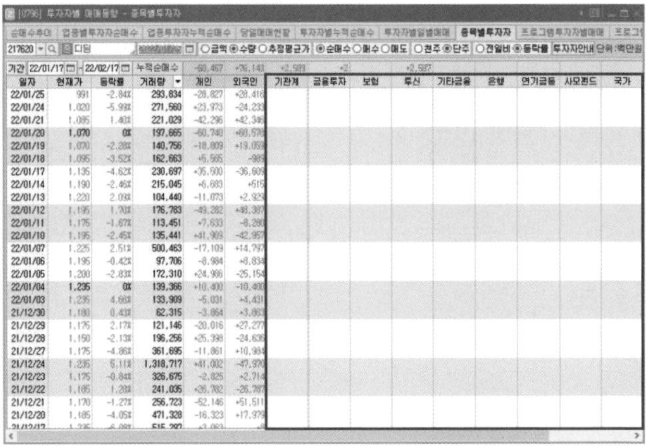

일자	현재가	등락률	거래량	개인	외국인	기관계	금융투자	보험	투신	기타금융	은행	연기금등	사모펀드	국가
누적순매수				-60,457	+76,143	+2,589	+2		+2,587					
22/01/25	991	-2.84%	293,834	-28,827	+28,416									
22/01/24	1,020	-5.99%	271,560	+23,973	-24,233									
22/01/21	1,085	1.40%	221,029	-42,296	+42,346									
22/01/20	1,070	0%	197,665	-60,740	+60,578									
22/01/19	1,070	-2.28%	140,756	-18,809	+19,059									
22/01/18	1,095	-3.52%	162,663	+5,565	-989									
22/01/17	1,135	-4.62%	230,697	+35,500	-36,609									
22/01/14	1,190	-2.46%	215,045	+6,683	+515									
22/01/13	1,220	2.09%	104,440	-11,073	+2,929									
22/01/12	1,195	1.70%	176,783	-49,282	+48,387									
22/01/11	1,175	-1.67%	113,451	+7,633	-8,280									
22/01/10	1,195	-2.45%	135,441	+41,909	-42,957									
22/01/07	1,225	2.51%	500,463	-17,109	+14,797									
22/01/06	1,195	-0.42%	97,706	-8,984	+8,834									
22/01/05	1,200	-2.83%	172,310	+24,986	-25,154									
22/01/04	1,235	0%	139,366	+10,400	-10,400									
22/01/03	1,235	4.66%	133,909	-5,031	+4,431									
21/12/30	1,180	0.43%	62,315	-3,864	+3,863									
21/12/29	1,175	2.17%	121,146	-20,016	+27,277									
21/12/28	1,150	-2.13%	196,256	+25,398	-24,636									
21/12/27	1,175	-4.86%	361,695	-11,861	+10,984									
21/12/24	1,235	5.11%	1,318,717	+41,002	-47,970									
21/12/23	1,175	-0.84%	326,675	-2,825	+2,714									
21/12/22	1,185	1.28%	241,035	+26,782	-26,787									
21/12/21	1,170	-1.27%	256,723	-52,146	+51,511									
21/12/20	1,185	-4.05%	471,328	-16,323	+17,979									

[그림 4-2] 세력주의 매매 동향

수급주와 세력주를 구분하는 이유는 무엇일까. 수급주와 세력주는 주가의 속성이 다르고 이에 따라 주가의 흐름도 많이 다르기 때문이다. 주식이 가진 고유한 속성에 맞춰 매매를 해야 수익 낼 확률이 높아진다. 수급주의 특징에 맞게 수급주를 매매하는 것을 수급 매매라고 하고 세력주의 특징을 따라 세력주를 매매하는 것을 세력주 매매라고 한다.

 대부분의 전업 투자자와 고수들은 세력주 매매를 주로 한다. 수급주 매매는 안정적이라는 큰 장점이 있지만, 중대형주 위주로 매매를 하다 보니 상대적으로 등락폭이 적을 수밖에 없다. 그래서 적은 돈으로 시작하는 개인 투자자들은 상대적으로 더 큰 수익을 낼수 있는 세력주 매매를 선호한다. 나는 안정적이고 높은 승률을 가진 수급 매매의 장점을 활용하기 위해 8:2의 비율로 세력주 매매와 수급 매매를 혼용하고 있다.

2

단타도 장세 판단이 최우선이다

매우 중요하지만 많은 사람들이 쉽게 놓치는 것.

매우 중요하지만 많은 사람들이 쉽게 간과하는 것.

그것은 바로 장세 판단이다. 이것은 매우 중요한 과정인데도 의외로 소홀히 하는 사람들이 많다. 어디에서 주식을 사야 하는지 타점에만 집중하기 때문이라고 생각한다.

현재 시장이 강세장인지, 약세장인지 아니면 횡보장인지 판단하는 것은 매우 중요하다. 이 판단에 따라 투자 금액을 늘릴 것인지 줄일 것인지 그리고 공격적으로 매매를 할 것인지, 방어적으로 매매할 것인지를 결정해야하기 때문이다.

강세장은 주식이 계속해서 상승하는 구간이다. 일 단위로 볼 때, 상승 종목의 개수가 하락 종목의 개수를 압도한다. 상한가 따라잡기와 돌파 매매 같은 공격적인 매매 기법이 잘 통하고, 조정구간에 주식을 매수하는 눌림 기법은 매매 기회조차 드물게 된다. 이럴 때는 사실 매일매일 단타를 하며 치고 빠지기보다는 주식을 팔지 않고 계속 보유하는 것이 오히려 더 큰 수익을 가져다준다. 그래서 초보자가 고수보다 쉽게 더 많은 돈을 벌기도 한다. 2020년이 대표적인 예다. 특히 2020년은 사상 유례없는 강세장이었기 때문에 '아무 주식이나 사도 돈 버는 장'이라고 할 정도였다. 이럴 때는 단타를 해도 공격적으로 접근해도 되고, 평소보다 목표 수익률을 높일 수 있다. 따라서 투자 금액을 평소보다 늘려도 된다. 본인이 자신 있다면 미수나 신용을 사용해서 더 큰 수익을 얻을 수도 있다.

약세장은 강세장과 반대다. 주식이 계속해서 하락하는 구간이다. 일 단위로, 하락 종목의 개수가 상승 종목의 개수보다 훨씬 더 많다. 상한가 따라잡기와 돌파 매매 같은 공격적인 매매 기법은 확률이 많이 떨어지고, 조정구간에 주식을 매수하는 눌림 기법의 매매 기회가 급격하게 늘어난다. 약세장에서 단타의 진가가 드러난다. 하락하는 장세에서 대부분의 주식들이 동반 하락하고 있을 때, 단타 트레이더들은 매일매일 치고 빠지기를 반복하며 꾸준히 수익을 만들어간다. 그래서 가만히 주식을 보유하고 있는 초보자들이 계속

해서 손실을 보고 있을 때, 단타 고수들이 더 많은 돈을 번다. 그렇다 할지라도 약세장에서는 단타를 해도 보수적으로 접근하는 것이 더 좋고, 평소보다는 목표 수익률을 낮추는 것이 좋다. 흔히 방망이를 짧게 잡는다고 표현한다. 투자 금액도 평소보다 줄이는 게 낫다. 미수나 신용을 사용하면 더 큰 손실을 볼 수 있기 때문에 자제하는 편이 좋다.

강세장과 약세장의 비교

	강세장	약세장
투자 전략	주식을 보유해 수익률 극대화 공격적인 매매	장중 단타 위주로 안전한 수익 추구 방어적인 매매
단기 매매 기법	상한가 · 돌파 매매 위주	눌림 매매 위주
목표 수익률	평소 대비 높게	평소 대비 낮게
투자 금액	증가	감소
레버리지 전략 (미수 · 신용)	가능	자제

그럼 강세장과 약세장은 어떻게 구별할까? 가장 쉬운 방법은 지수 차트를 이용하는 것이다.

지수 차트에서 5일선이 20일선을 상승 돌파하는 골든 크로스가 나오면서 정배열을 형성하면 강세장으로 판단한다. 그리고 저점과 고점을 동시에 높이면서 상승을 이어간다. 추가 상승해 지수가 신고가를 기록하면 대세 상승 국면으로 봐도 좋다.

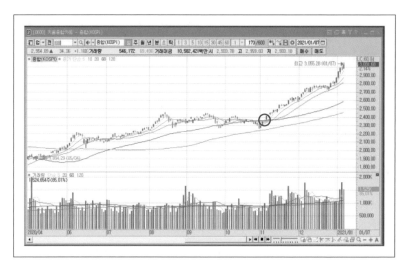

[그림 4-3] 코스피 일봉 차트의 골든 크로스

[그림 4-4] 코스피 일봉 차트의 데드 크로스

약세장은 반대로 지수 차트에서 5일선이 20일선을 하락 돌파하
는 데드 크로스가 나오면서 역배열을 형성한다. 그리고 저점과 고

점을 동시에 낮추면서 하락을 이어간다. 지수 차트상 고점에서 쌍봉을 형성한 이후에 고점이 낮아지는 경우에는 특히 주의한다.

파동을 통해 강세장과 약세장에 대해 더 자세히 알아보자. 강세장에서는 그 안에서 발생하는 상승 파동이 조정 파동보다 길다. 강세장이기 때문에 매수세력이 많아서 조정이 짧게 이뤄지기 때문이다. 이 과정에서 저점과 고점이 같이 상승하는 모습이 나타난다.

반면에 약세장에서는 하락 파동이 반등 파동보다 길다. 약세장이기 때문에 매도 세력이 많아서 하락이 길게 이뤄지기 때문이다. 이 과정에서 저점과 고점이 같이 하락하는 모습이 나타난다. 아래 그림을 보면 더 쉽게 이해가 될 것이다.

상승보다는 하락에 대비하는 것이 주식시장에서 더 요구된다. 위험을 회피해서 잃지 않는 것 역시 버는 것만큼이나 중요하기 때문이다. 약세장을 파악하는 좋은 방법은 수치를 이용하는 것이다. 차트를 이용한 방법보다 상대적으로 객관적이다. 이 수치는 바로 변

동성 지수인 VIX(Volatility Index)다. 향후 30일간의 시장의 변동성에 대한 기대지수를 의미하는데, 사람들이 앞으로 시장의 변동성이 커진다고 예상할수록 이 수치는 올라간다. 특히 시장 하락을 예상하고 불안감을 느끼는 사람들이 많을수록 이 수치는 올라간다. 그래서 VIX를 흔히 '공포 지수'라고도 부른다. 이러한 특성상 VIX는 하락에 더 민감하게 반응한다. 따라서 VIX는 주식시장과 반대 방향으로 움직이는 특성이 있다. 시장이 하락할수록 VIX는 올라간다. 미국의 경우 S&P 500과 VIX는 매우 밀접한 역의 상관관계를 보인다는 연구 결과도 있다.

이 수치들을 어떻게 산출하는지는 우리가 알 필요 없다. 어떻게 활용하는지가 가장 중요하다. VIX는 시장의 위험과 지수의 단기 방향을 예측하는 데 매우 유용하다. 미국의 헤지펀드 매니저들도 이 수치를 기준으로 시장 위험을 파악하고 포지션을 설정한다.

VIX는 평소에 20과 30 이내에서 움직인다. VIX가 올라가면 사람들의 불안감이 커지고 있으므로 하락할 확률이 높아진다. 특히 지수가 고점에서 이 수치가 높아지면 하락 징후가 높아서 약세장 혹은 조정국면으로 전환할 확률이 높다.

이를 이용해 VIX가 고점일 때 매수하고 VIX가 저점일 때 매도하

주식단타로 매일매일 벌어봤어?

는 단기 매매 전략도 있다. 그러나 VIX만 단독으로 이용할 경우, 저
점과 고점에 대한 기준 역시 불분명하기 때문에 지수 차트나 개별
종목의 차트를 함께 활용하는 것이 좋다. 재미있는 것은 지수가 바
닥권일 때 VIX가 고점을 갱신하며 최고점을 기록하면, 공포심리가
최고치에 있다는 것을 의미해서 오히려 주가 반등의 신호로도 활용
된다는 점이다.

미국에는 S&P 500에 대한 변동성 지수로 S&P 500 VIX가 있다.
S&P 500 VIX은 미국의 시카고 옵션 거래소(CBOE)에서 제공하기
때문에 CBOE VIX라고도 부른다. 이날은 미국 주식시장이 안정을
찾으면서 S&P 500이 0.52% 상승했는데, 역의 관계에 있는 VIX는
4.64% 하락했다.

다우존스	35,089.74	35,333.55	34,799.08	-21.42	-0.06%	05/02	⏱
S&P 500	4,500.54	4,539.66	4,451.50	+23.10	+0.52%	05/02	⏱
나스닥종합지수	14,098.00	14,222.80	13,850.40	+219.2	+1.58%	05/02	⏱
러셀 2000	2,005.08	2,016.38	1,968.61	+14.05	+0.71%	05/02	⏱
CBOE VIX	23.22	26.26	22.07	-1.13	-4.64%	05/02	⏱

[그림 4-5] 주가지수와 VIX의 역의 관계 ①

미국 현지시간으로 2022년 2월 3일, 페이스북의 모기업인 메타
의 어닝쇼크로 인해 S&P 500은 2.44%, 나스닥 지수는 무려 3.74%
하락했다. 동시에 시장의 우려가 커지면서 공포지수인 S&P 500
VIX(CBOE VIX)는 10.23%나 급등했다.

🇺🇸 다우존스	35,111.16	35,535.94	35,071.06	-518.17	-1.45%	07:03:42	⏱
🇺🇸 S&P 500	4,477.44	4,542.88	4,470.39	-111.94	-2.44%	05:59:59	⏱
🇺🇸 나스닥종합지수	13,878.80	14,207.90	13,851.70	-538.7	-3.74%	07:15:00	⏱
🇺🇸 러셀 2000	1,989.54	2,027.73	1,989.27	-39.98	-1.97%	05:59:58	⏱
🇺🇸 CBOE VIX	24.35	25.81	22.30	+2.26	+10.23%	08:00:35	⏱

[그림 4-6] 주가지수와 VIX의 역의 관계 ②

위에서 S&P 500 VIX가 하루 만에 10% 상승한 것으로 보고 S&P 500 VIX에 투자해야겠다고 생각한 사람이 분명히 있을 것이다. 미국 지수와의 역의 관계를 이용한다면 훌륭한 투자처가 될 수 있다. S&P 500 VIX를 기초자산으로 하는 해외 ETF 혹은 국내에 상장된 관련 S&P 500 VIX ETN을 활용하면 된다.

🇺🇸 iShares Russell 2000	IWM	197.53	-1.89%	37.57M	05:59:59 ⏱
🇺🇸 ProShares Ultra DJ-UBS Crude Oil	UCO	115.88	+3.02%	482.27K	05:59:59 ⏱
🇺🇸 ProShares Ultra VIX Short-Term F···	UVXY	15.47	+18.00%	94.58M	05:59:59 ⏱
🇺🇸 SPDR Energy Select Sector Fund	XLE	67.84	-0.95%	30.80M	05:59:59 ⏱
🇺🇸 SPDR KBW Regional Banking	KRE	72.07	-0.58%	12.78M	05:59:59 ⏱

[그림 4-7] 대표적인 VIX ETF: ProShares Ultra VIX Short-Term Futures ETF

우리나라에는 KOSPI에 대한 변동성 지수로 VKOSPI가 있다. 이 수치들은 HTS와 MTS에서 쉽게 확인할 수 있다. 2022년 1월 25일은 미국의 금리 인상에 대한 우려와 러시아와의 긴장 고조로 한국 주식시장이 큰 폭의 하락을 보였다. 상승 종목의 수가 185개뿐이고 나머지 2,162개의 종목이 하락했다. 반면에 역의 상관관계에 있는

VKOSPI는 22.25% 상승했다.

구분	지수	대비	등락률	거래량(천)	거래대금(M)	종류	구분	현재가	대비	등락률	시간
KOSPI종합	2,720.39	▼ 71.61	-2.56%	629,843	11,506,965		미니S&P500	4,345.75	▼ 58.00	-1.32%	01/25 17:46
KOSPI100	2,741.52	▼ 65.22	-2.32%	94,169	6,982,329		미니NASDAQ	14,229.50	▼ 271.50	-1.87%	01/25 17:46
KOSPI200	362.39	▼ 8.91	-2.40%	140,145	8,262,806	해외증시[장중]	니케이225	27,131.34	▼ 457.03	-1.66%	01/25 00:00
KTOP30	9,727.93	▼ 61.91	-2.62%	47,428	4,771,533		상해종합	3,433.06	▼ 91.04	-2.58%	01/25 15:00
KOSDAQ종합	889.44	▼ 25.96	-2.84%	1,258,538	8,666,819		홍콩항생	24,243.61	▼ 412.85	-1.67%	01/25 16:08
KOSDAQ150	1,286.82	▼ 30.18	-2.29%	72,453	2,392,077		심천종합	2,313.06	▼ 79.18	-3.31%	01/25 15:00
KRX100	5,670.99	▼ 41.38	-2.43%	103,102	7,615,397		DOWJONES	34,364.50	▲ 99.13	0.29%	01/24 16:00
변동성지수	26.26	▲ 4.78	22.25%			해외증시[전일]	S&P500	4,410.13	▲ 12.19	0.28%	01/24 17:04
KODEX200	36,685	▼ 915	-2.43%	9,023,950	332,346		NASDAQ	13,855.13	▲ 86.21	0.63%	01/24 16:01
KODEX레버리지	20,155	▼ 1,015	-4.79%	45,594,018	928,855		필,반도체	3,479.95	▲ 45.16	1.31%	01/24 16:00
KODEX인버스	4,350	▲ 110	2.59%	41,353,671	178,626		독일DAX30	15,011.13	▼ 592.75	-3.80%	01/24 16:00
							프랑스CAC40	6,787.79	▼ 280.80	-3.97%	01/24 16:00

[그림 4-8] 한국 코스피의 변동성 지수

3

공격적인 매매와 방어적인 매매

열심히 연구하고 공부해서 본인만의 매수 방식을 결정했다 하더라도, 이 방식을 모든 시장 상황에서 동일하게 적용하는 것보다는 시장 상황에 맞게 유동적으로 변화시키는 것이 좋다. 주가는 매 순간순간의 시장 상황과 수많은 사람들의 투자 심리에 의해 결정되기 때문이다. 이것은 정해진 매수 구간이나 매수 타점에서 무조건 사는 것보다 시장 상황과 투자 심리 등을 고려해 매수하는 것이 더 효과적이라는 뜻이다.

시장 상황과 투자 심리가 좋으면 본인의 매수 구간보다 살짝 위에서부터 매수를 시작해도 좋다. 주식을 사려는 사람이 많기 때문에 본인이 원하는 가격까지 주가가 안 내려올 확률이 많기 때문이다. 매수호가에 받쳐놓기보다는 위로 올려서 매도호가에 사기도 한다. 이것을 공격적 매수라고 한다. 이것은 체결될 확률이 높다는 장점이 있지만 평균 단가도 높아지므로 하락 시 손실률도 커진다. 따라서 강세장에서 혹은 그날 시장이 강세인 경우에 공격적인 매매를 하는 게 좋다. 이때는 매매 비중도 평소보다 늘릴 수 있다.

그림을 통해 자세히 알아보자. 내가 매수하려는 가격이 10,450원이라면, 강세장에서는 이보다 살짝 위인 10,500원이나 10,600원에 매수를 하는 것이다. 혹은 10,450원과 10,600원 사이에서 분할 매수를 하기도 한다. 이때의 분할 매수 비중을 각각 1:1로 하거나 1:2 혹은 2:1로 하는 등 상황에 맞게 조정할 수 있다. 체결이 안 될 것 같으면 매도호가의 가격으로 위로 올려서 바로 살 수도 있다. 매도할 때도 강세장에서는 평소보다는 높게 해서 좀 더 큰 수익을 얻을 수도 있다.

시장 상황과 투자 심리가 안 좋으면, 공격적인 매매 방식과 반대로 한다. 평소의 매수 구간보다 살짝 아래에서부터 매수를 시작하는 것이다. 주식을 사려는 사람보다 팔려는 사람이 더 많아서 그 가격 아래까지 주가가 내려올 확률이 많기 때문이다. 보통은 위로 올려서 매도호가에 바로 사기보다는 매수호가에 받쳐놓고 체결을 기다린다. 이것을 방어적 매수라고 한다. 평균단가를 더 낮출 수 있다는 장점이 있지만, 아래에서 매수하기 때문에 체결이 안 될 확률도

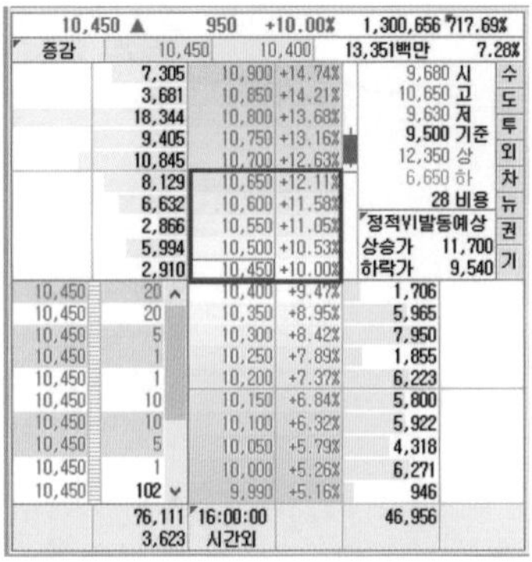

[그림 4-9] 공격적인 매매의 매수 구간

높다. 대신, 하락 시에는 손실률도 작아진다. 따라서 약세장에서 혹은 그날 시장이 약세인 경우에 보통 방어적인 매매를 한다. 그리고 매매 비중도 평소보다는 줄여서 한다.

방어적인 매수의 예를 구체적으로 살펴보자. 평소에 10,450원에 매수를 했다면, 약세장에서는 이보다 살짝 아래인 10,300원이나 10,200원에 매수를 한다. 혹은 평소 매수가격인 10,450원과 10,200원 사이에서 분할매수를 하기도 한다. 이때의 분할매수 비중은 공격적 매수와 마찬가지로 각각 1:1로 하거나 1:2 혹은 2:1로 하는 등 상황에 맞게 조정한다. 체결이 안 될 것 같아도 상황이 안 좋으므로 매수호가에 주문을 넣어두고 기다려본다. 그리고 이때는 상황이 안 좋으므로 매도는 좀 더 낮은 가격에 해서 작은 수익이라도 챙기고 현금을 확보하는 전략을 취한다.

주식단타로 매일매일 벌어봤어?

[그림 4-10] 방어적인 매매의 매수 구간

10,450 ▲		950 +10.00%	1,300,656 ꝰ717.69%	
증감	10,450	10,400	13,351백만	7.28%
	7,305	10,900 +14.74%	9,680 시	수
	3,681	10,850 +14.21%	10,650 고	도
	18,344	10,800 +13.68%	9,630 저	투
	9,405	10,750 +13.16%	9,500 기준	외
	10,845	10,700 +12.63%	12,350 상	차
	8,129	10,650 +12.11%	6,650 하	뉴
	6,632	10,600 +11.58%	28 비용	권
	2,866	10,550 +11.05%	정적VI발동예상	기
	5,994	10,500 +10.53%	상승가 11,700	
	2,910	10,450 +10.00%	하락가 9,540	
10,450	20	10,400 +9.47%	1,706	
10,450	20	10,350 +8.95%	5,965	
10,450	5	10,300 +8.42%	7,950	
10,450	1	10,250 +7.89%	1,855	
10,450	1	10,200 +7.37%	6,223	
10,450	10	10,150 +6.84%	5,800	
10,450	10	10,100 +6.32%	5,922	
10,450	5	10,050 +5.79%	4,318	
10,450	1	10,000 +5.26%	6,271	
10,450	102	9,990 +5.15%	946	
	76,111	16:00:00	46,956	
	3,623	시간외		

4

호가를 알면 단타가 더 쉬워진다

주식 투자를 할 때 가장 많이 보는 창 중의 하나는 현재가창이다. 현재가창을 통해 이 회사에 대한 대략적인 재무정보도 확인할 수 있고, 당일 거래가 활발하게 이뤄지고 있는 창구 그리고 현재 거래가 이뤄지는 호가와 체결량도 확인할 수 있다. 매우 많은 정보를 포함하고 있는 창이다.

아래 그림의 미코바이오메드 주식의 현재가창에서 왼쪽 하단에 해당하는 부분이 호가창이다. 호가창 안에서 우측 하단의 9,990원부터 9,900원까지를 매수호가라 부르고, 매수호가 중에서 맨 위에 있는 9,990원을 매수 1호가, 바로 아래에 있는 9,980원을 매수 2호가라고 부른다. 순차적으로 내려가서 9,900원은 매수 10호가가 된다.

[2] [0101] 키움현재가　　　　원화주문안내　N이슈　□ ⊡ ▣ T ? _ □ ×

미코바이오메 KOSDAQ 의료/정밀 증40

250일최고	20,150	-50.77%	21/06/29	액면가	500 원	시가총액	1,830 억	EPS ▼ -360
250일최저	6,910	+43.56%	22/01/27	자본금	91 억	대용가	5,610	PER ▼
외국인보유	0%		0(천)	유통수	12,319 천	신용비율	1.22%	결산월 12월

10,000 ▲ 1,750 +21.21% 4,554,744 1,521.5

증감		10,000	9,990	43,692백만	24.89%
	11,925	10,450		8,300 시	
	6,408	10,400		10,200 고	
	10,751	10,350		8,200 저	
	12,483	10,300		8,250 기준	
	23,182	10,250		10,700 상	
	37,370	10,200		5,780 하	
	18,590	10,150		27 비용	
	22,686	10,100	정적VI발동예상		
	10,645	10,050	상승가 10,250		
	7,971	10,000	하락가 8,350		

10,000	232 ▲	9,990	2,744
9,990	1	9,980	2,819
10,000	10	9,970	1,879
10,000	1	9,960	1,846
9,990	98	9,950	3,007
9,990	2	9,940	250
10,000	5	9,930	469
9,990	6	9,920	1,916
9,990	5	9,910	3,622
10,000	14 ▼	9,900	1,003
	162,011	13:04:51	19,555
		시간외	

거래원	투자자	뉴스	재무	종목별	프로

증감	매도상위		매수상위		증감
20,362	2,052,031 키움증	키움증	2,160,468		17,601
14,488	664,878 미래에	미래에	625,328		11,535
8,013	283,644 NH투자	NH투자	270,917		1,845
4,798	257,396 삼 성	삼 성	263,683		26,786
3,171	251,536 한국투	KB증권	201,342		2,787
	3,152	외국계합	14,017		

체결	차트	일별	예상체결

시간	체결가	전일대비	체결량	체결강도
13:04:50	10,000 ▲ 1,750		232	108.56
13:04:50	9,990 ▲ 1,740		1	108.55
13:04:49	10,000 ▲ 1,750		10	108.55
13:04:48	10,000 ▲ 1,750		1	108.55
13:04:48	9,990 ▲ 1,740		98	108.55
13:04:47	9,990 ▲ 1,740		2	108.56
13:04:47	10,000 ▲ 1,750		5	108.56
13:04:46	9,990 ▲ 1,740		5	108.56
13:04:45	9,990 ▲ 1,740		5	108.56
13:04:45	10,000 ▲ 1,750		14	108.56
13:04:43	10,000 ▲ 1,750		1	108.55

[그림 4-11] 미코바이오메드 호가창

　호가창 안에서 좌측 상단의 10,000원부터 10,450원까지를 매도호가라고 부른다. 매도호가는 순차적으로 올라가는데, 10,000원이 매도 1호가이고 10,050원은 매도 2호가이며 10,450원은 매도 10호가가 된다.

　이처럼 호가창에는 매수호가 10개와 매도호가 10개가 보통 같이 나온다. 여기에 놓쳐서는 안 될 중요한 사실이 있다. 매수호가도 10단계이고 매도호가도 10단계여서 호가별 차이가 똑같을 것으로 생각하지만, 사실은 그렇지 않다. 주가에 따라 이 호가의 차이가 달라

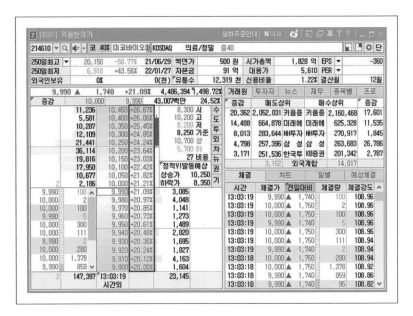

[그림 4-12] 호가등락률이 나오도록 설정한 미코바이오메드 현재가창

진다. 이것은 현재가창의 호가창에 호가 등락률이 나오게 하면 확실히 알 수 있다. 위의 그림은 똑같은 미코바이오메드의 현재가창에 호가 등락률이 나오도록 설정한 현재가창이다. 무엇이 다른지 우선 찾아보자.

호가등락률이 나오도록 설정한 현재가창에는 호가별 호가등락률이 우측에 나오기 때문에 각 호가의 차이를 쉽게 알 수 있다. 우선 매수호가를 살펴보자. 매수호가는 9,990원부터 10원 단위로 10단계를 거쳐서 9,900원까지 내려간다. 각 호가의 차이는 10원이다. 10원은 등락률로 보면 0.12%다. 즉, 한 호가의 차이는 0.12%다.

9,990원부터 9,900원까지 한 호가당 0.12%씩 변하고 있다. 매수호가 전체를 봤을 때, 매수 1호가부터 매수 10호가까지 이 10단계의 차이는 불과 1.09%다.

이번에는 매도호가를 살펴보자. 매도호가는 10,000원부터 50원 단위로 10단계를 거쳐서 10,450원까지 올라간다. 각 호가의 차이는 50원이다. 이것은 등락률을 보면 0.61%다. 즉, 매도호가에서 한 호가의 차이는 0.61%다. 10,000원부터 10,450원까지 한 호가당 0.61%씩 변하고 있다. 매도호가 전체를 봤을 때, 매도 1호가부터 매도 10호가까지 이 10단계의 차이는 무려 5.46%다.

정리하면, 매수호가에서는 호가 하나당 0.12% 단위로 움직이고 있지만, 매도호가에서는 호가 하나당 0.61% 단위로 움직이고 있다. 1만 원을 기준으로 주식의 가격에 따라 호가 하나의 차이가 다르다. 우리는 이 차이를 잘 활용해야 한다.

현재 매수호가에서는 호가당 0.12% 차이가 나므로 어느 매수호가에서 매수를 하든 큰 차이가 안 난다. 이럴 때는 호가에 상관없이 매매를 하는 것이 좋다. 수익 차이가 많이 안 나기 때문이다. 예를 들어서 매수 3호가인 9,970원에 사고 싶은데 체결이 안 될 것 같은 분위기라면 그냥 9,990원에 사도 된다. 그래봐야 0.24% 차이다.

반대로, 현재 매도호가에서는 호가당 0.61% 차이이므로 어느 매도호가에서 거래하느냐에 따라 수익률 차이가 많이 난다. 이럴 때는 호가에 신경을 쓰면서 매매를 하는 것이 좋다. 수익 차이가 많이 나기 때문이다. 예를 들어서 매도 3호가인 10,100원에 팔고 싶은데 매도 1호가인 10,000원에 팔았다면 수익률이 1.21%나 줄어든다. 단기 매매에서 1%는 큰 차이다. 따라서 가급적 매도 3호가에 팔리도록 신경 쓰는 것이 좋다.

아래는 엘앤에프 주식의 호가창이다. 엘앤에프는 주가가 20만 원에 근접하는 고가다 보니, 호가 하나의 차이가 100원씩 발생한

[그림 4-13] 엘앤에프 호가창

다. 100원은 등락률로 보면 0.05%다. 따라서 엘앤에프의 경우에는 186,800원부터 188,400원까지 매도호가 10단계의 차이가 고작 0.82%뿐이다. 위에서 본 미코바이오메드에서 매도호가 10단계의 차이가 5.46%였다는 점에 비교하면 매우 미미하다.

지금 엘앤에프 주식을 보유하고 있는데 187,000원에 매도하고 싶다고 가정하자. 그런데 지금 주식시장이 하락하고 있어서 내가 매도하고 싶어 하는 가격인 187,000원에 쉽게 도달하지 못할 것 같다. 그럼 어떻게 하는 것이 좋을까?

호가 등락률을 살펴보면, 매수1호가인 186,700원과 내가 매도하고 싶어 하는 가격인 187,000원의 등락률 차이는 고작 0.16%다. 나는 이런 경우, 186,700원에 그냥 매도해버린다. 혹은 최소 절반 이상을 186,700원에 정리를 해서 비중을 많이 줄인다. 수익을 조금 덜 가져가고 안전하게 현금을 확보하기 위해서다. 시장 분위기가 안 좋기 때문에 대량 매도세가 나오며 주가가 다시 하락할 확률도 매우 많다. 수익은 줄 때 챙기는 게 좋다. 186,700원에 비중을 줄이고 이때 매도한 현금으로 엘앤에프가 하락하면 다시 매수해서 평균 단가를 낮추는 것도 하나의 트레이딩 전략이다.

누군가는 1만 원 아래에서는 왜 10원 단위로 변하고 1만 원 이상부터는 왜 50원 단위로 변하는지, 그리고 엘앤에프는 왜 100원 단위로 호가가 움직이는지 궁금해 할 것이다. 이것은 우리나라의 증권거래소에서 정한 규칙이다. 여기에 맞춰 모든 증권사의 HTS와 MTS가 동일한 호가창을 표현한다. 우리는 이 규칙까지 자세히 알 필요는 없다. 현재가창에 나타난 호가등락률을 참고해 조금이라도 효과적인 트레이딩을 하고 더 많은 수익을 거두기만 하면 된다.

5

한국 주식과 연관 높은
미국 기업들

주식 투자를 하는 사람이라면 아침마다 반드시 하는 중요한 일과가 있다. 아마 대부분은 아침에 침대에 누운 채 졸린 눈으로 핸드폰을 통해 확인할 것이다. 그것은 바로 방금 마감한 전일 미국 증시의 등락이다.

미국 증시가 소폭이라도 상승했다면 왠지 안도가 된다. 아직 아침 9시가 되려면 2, 3시간은 남았음에도 불구하고 말이다. 미국 증시가 많이 상승했다면 그 자체만으로 기분이 좋아진다. 적어도 오늘 시장은 하락은 안 할 거라고 예상되기 때문이다. 하지만 미국 증시가 소폭이라도 하락했다면 왠지 불안해진다. 게다가 미국 시장이 큰 폭으로 하락했다면 확인한 그 시점부터 걱정의 기운이 온몸을

둘러싸기 시작한다. 한국 증시에 대해 미국 증시가 가진 영향력이 그만큼 크다는 의미다. "미국이 재채기하면 한국은 감기 걸린다"는 말이 괜한 말이 아니다.

보통은 미국 증시를 확인할 때 지수의 등락만 확인하는 경우가 많다. 하지만 미국 증시에서 어떤 업종이 상승했고 하락했는지와 일부 기업들의 주가까지 확인하면 더 큰 도움이 된다. 미국의 지수뿐만 아니라 해당 업종과 섹터에 대한 투자 심리가 그대로 우리 시장에 영향을 미치기 때문이다. 예를 들어서, 전날 미국 시장에서 전기차 업체인 테슬라의 주가가 상승했으면 그 상승 기운이 그대로 우리 시장의 2차전지 섹터에 긍정적인 영향을 주게 된다. 특히, 미국의 필라델피아 반도체 지수는 우리나라의 삼성전자, SK하이닉스와 중소형 반도체 종목들에게 매우 큰 영향을 끼치므로, 미국의 주가지수와 함께 반드시 확인해야 하는 수치다.

이는 당일의 등락을 이용해 단기 매매를 하는 트레이더, 특히 수급 매매를 하는 트레이더들에게는 매우 중요한 사항이다. 수급 매매는 보통 우량주들을 대상으로 하는데, 이런 종목들은 글로벌 시황이나 미국 시황에 민감한 외국인 투자자와 기관 투자자들이 해당 종목의 수급에 깊게 연관돼 있기 때문이다.

주식단타로 매일매일 벌어봤어?

아래에 우리나라의 주식시장에 영향을 주는 미국 기업 주식들을 정리해봤다. 이제는 미국 시장의 지수 등락뿐만 아니라 업종의 등락률 그리고 주요 기업들의 등락도 같이 확인해서 매매에 활용하자. 업종 지수에서 등락률순으로 보면 훨씬 더 쉽게 이해할 수 있다. 키움증권 HTS의 경우, 국내 주식 화면에서 2320번 창을 통해 확인이 가능하다.

한국의 주식시장에 영향을 주는 미국 기업들

업종·섹터	미국 기업	영향을 받는 한국기업
반도체	마이크론테크놀로지, TSMC, ASML, 퀄컴 *필라델피아 반도체 지수	삼성전자, SK하이닉스, 중소형 반도체주
IT	애플	LG이노텍, LG디스플레이
자동차	포드, 제네럴모터스	현대차, 기아
철강	US스틸	POSCO, 현대제철
은행	JP모건체이스, 골드만삭스	KB금융, 우리금융
정유	엑손모빌, 쉐브론	S-OIL, GS
2차전지	테슬라	에코프로, 천보, 포스코케미칼
인터넷	알파벳, 페이스북	카카오, NAVER
미디어	넷플릭스	NEW, 쇼박스
제약·바이오	존슨앤존슨, 화이자, 모더나	셀트리온, 삼성바이오로직스, SK바이오팜
유통·소비	아마존, 월마트, 알리바바	영원무역, 한세실업, 롯데쇼핑, 신세계

미국의 주식시장과 관련해 안타까운 것이 하나 있다. 어떤 사람들은 미국의 주식시장이 시작하는 밤 11시 30분(한국시간)부터 잠

[2320] 미국주식 전업종지수(실시간-자동갱신되지 않음)

거래량 : 천주, 거래대금 : 백만USD 조회 다음

코드	업종명	현재가	전일대비	등락률	거래량	거래대금	시간
DJI	다우 산업	35,740.18	▲ 277.40	+0.78	14,702,977		09:33
DJUS	다우 브로드마켓	1,127.74	▲ 12.72	+1.14			09:33
DJUSBM	다우 기초재료	547.13	▲ 7.22	+1.34	5,145,937		09:33
DJUSCY	다우 소비자서비스	1,542.16	▲ 18.76	+1.23	31,593,172		09:33
DJUSEN	다우 에너지	569.18	▲ 4.05	+0.72	9,901,035		09:33
DJUSFN	다우 금융	871.22	▲ 8.68	+1.01	18,344,411		09:33
DJUSHC	다우 건강의약	1,443.91	▲ 11.51	+0.80	12,094,626		09:33
DJUSIN	다우 공산업	1,026.31	▲ 13.54	+1.34	11,466,596		09:33
DJUSL	다우 대형주(Large-Cap)	991.49	▲ 9.91	+1.01			09:33
DJUSM	다우 중형주	1,629.92	▲ 22.57	+1.40			09:33
DJUSNC	다우 소비재	995.90	▲ 10.75	+1.09	25,677,998		09:33
DJUSS	다우 소형주(Small-Cap)	1,475.58	▲ 21.66	+1.49			09:33
DJUSTC	다우 테크놀러지	4,371.52	▲ 57.31	+1.33	39,830,737		09:33
DJUSTL	다우 통신	153.71	▲ 1.05	+0.69	2,375,767		09:33
DJUSUT	다우 유틸리티(Industrie	340.58	▲ 2.27	+0.67	1,924,187		09:33

[그림 4-14] 미국 업종의 등락률

도 안 자고 미국 시장을 관찰한다. 혹시나 미국 시장이 하락하면 벌써부터 마음이 불안해진다. 미국 시장을 계속 관찰하느라 쉽게 잠도 안 오고 설령 잠에 들어도 마음 편히 못 잔다. 미국 시장의 하락이 계속 마음에 걸리기 때문이다. 이런 현상은 주식을 처음 접하는 사람일수록 더욱 그러하다. 나도 신입사원 때 밤마다 그랬던 경험이 있다. 그런데 일주일이 지나니까 이런 생각이 들었다.

'이렇게 살다가는 제 명에 못 죽겠다.'

내가 증권회사에 다니는 한 이런 생활을 한평생 해야 되는 걸까? 적어도 잠은 마음 편히 자야 되지 않을까?

일주일 뒤에 내린 결론은 '밤에 절대 미국 시장을 확인하지 말자'였다. 밤 11시 30분에 미국 시장이 하락 출발했을지라도 다음 날 아침에 눈을 뜨면 어느새 미국 시장이 상승 마감한 경우도 많았다. 그러면 어제 밤에 내가 했던 걱정은 기우이자 아무런 의미 없는 감정 낭비가 된다.

게다가 미국 시장이 하락했다 한들 지금 당장 내가 할 수 있는 것은 아무것도 없다. 다음 날 아침이 돼서 우리 주식시장이 열려야 비로소 대응을 할 수 있기 때문이다. 따라서 미국 시장의 하락을 너무 일찍 알게 되는 것은 걱정할 시간만 늘어날 뿐이다. 아침 8시에 미국 시장의 하락을 알아도 충분하다. 남은 1시간 동안 대응전략을 잘 준비하면 된다.

이제는 밤에 미국 시장이 하락해 있어도 큰 폭으로 하락하지 않는 이상 아무런 신경도 안 쓴다. 내일 아침에는 올라와 있을 확률도 많으니까. 그리고 진짜로 미국 시장이 하락했으면 거기에 맞게 내일 대응하면 되니까. 불필요한 걱정은 굳이 할 필요가 없다. '사서 고생'이다.

6

실적은 중요하지 않다

"주가는 실적에 수반한다."

주식 투자를 시작하면서 가장 많이 듣는 말 중의 하나가 아마 이 말일 것이다. 하지만 이 말은 반은 맞고 반은 틀리다. 이 말이 100% 맞는 말이라면 아래와 같은 기사는 찾아보기 어려울 것이다.

> **삼성전자, 70조원 매출에도 10개월 만에 '7만전자' 붕괴**
>
> **'분기 매출 70조 시대' 열자마자 '6만전자' 된 삼성전자**

주가는 사람들이 그 회사에 대해 가지고 있는 기대를 나타낸다. 주가는 그 회사의 미래에 대한 사람들의 기대가 반영된 결과다. 비록 지금 회사의 실적이 안 좋을지라도 앞으로 실적이 개선될 여지가 있다면 주가는 상승할 수 있다. 대표적인 예가 바이오 회사들의 주가다. 신약을 개발하는 데 막대한 비용을 투자하느라 비록 현재의 회사 실적은 적자일지라도, 향후에 신약을 개발해서 막대한 수익을 창출할 거라는 기대감에 주가는 엄청난 상승을 보이는 경우가 매우 많다. 2020년도의 최고의 주식이었던 신풍제약이 바로 그 사례다. 코로나 바이러스로 인해 전 세계가 고통을 받고 있을 때, 신풍제약이 입으로 먹을 수 있는 간편한 경구용 치료제를 개발한다는 소식이 나왔다. 신풍제약의 주가는 2020년 1월 2일의 종가가 불과 7,320원이었지만 이 소식으로 인해 약 9개월 뒤인 같은 해 9월 21일에 214,000원까지 엄청난 상승을 했다. 불과 9개월 만에 약 30배 상승한 것이다.

하지만 이 기간 동안 신풍제약의 실적은 우측에 나와 있다. 엄청난 주가 상승이 있었지만, 2분기와 3분기 사이에 매출은 512억 원에서 482억 원으로 줄어들었고 영업이익은 25억 원에서 13억 원으로 오히려 반 토막이 났다. 이 회사의 실적만으로는 도저히 이러한 주가 급등을 설명할 수 없다. 실적보다는 기대감이 훨씬 더 크게 작용한 것이다.

반대로, 실적이 매우 좋은데도 주가가 하락하는 경우가 있다. 이

[그림 4-15] 약 30배 급등한 신풍제약 일봉

IFRS(연결)			
	2020/06	2020/09	2020/12
매출액	512	481	493
영업이익	25	13	20
영업이익(발표기준)	25	13	20
당기순이익	18	10	5

[그림 4-16] 신풍제약 실적

회사의 미래에 대한 사람들의 기대가 낮아졌거나 안 좋게 바뀌었기 때문이다. 위의 신문기사에 나온 삼성전자를 살펴보자. 삼성전자는 2021년 10월에 공개한 3분기 실적에서 매출 70조 원을 발표했다. 분기 매출 70조 원은 삼성전자 창립 이래 분기 기준으로 사상 최초

주식단타로 **매일매일** 벌어봤어?

일 정도로 매우 좋은 실적이었다. 3분기 영업이익은 15조 8천억 원을 기록했다. 이는 반도체 초호황기였던 2018년 3분기의 영업이익 17조 5천 7백억 원에 이어 역대 두 번째로 높은 것으로, 어닝 서프라이즈라는 분석도 이어졌다. 그런데 주가는 이상하게도 계속해서 하락 추세를 그리고 있었다. 주가는 실적을 따라간다더니?

그 이유는 PC, 스마트폰 등 IT 업계의 성장세가 예전에 비해 주춤해지면서 메모리 반도체 수요도 줄어들고 이에 따라 D램 가격도 큰 폭으로 하락할 것으로 전문가들이 전망했기 때문이다. 삼성전자의 미래에 대한 전망이 안 좋게 바뀌었기 때문에 삼성전자의 주가가 7만 원을 이탈한 것이다.

위에서 설명한 신풍제약과 삼성전자의 예만 놓고 봐도, 주가는 반드시 실적을 따라간다고 말할 수는 없다. 오히려 주가는 사람들이 이 회사에 대해 가지고 있는 꿈과 기대를 더 많이 반영한다. 기대가 크면 주가는 상승하고 기대가 낮으면 주가는 하락한다. 그래서 한때 PDR이라는 말도 유행했었다. 회사의 수익에 기반한 전통적인 주가 분석방식의 PER(Price to Earing Ratio·주가 수익 비율)에서, 이익 대신에 사람들의 꿈과 기대를 반영해 PDR(Price to Dream Ratio·주가 꿈 비율)이라는 용어를 만든 것이다. 회사에 대해 사람들이 가진 꿈이 클수록 이 회사의 목표 주가도 높아진다.

실적을 따라가지 않는 주가의 대표적인 예는 테마주다. 테마주는 정치, 사회, 경제적으로 큰 이슈가 생겼을 때 그 이슈와 관련돼 상승하는 종목군들을 의미한다. 이 이슈를 테마라고 부른다. 그리고 이 이슈와 관련해 보통 한 개의 주식보다는 여러 주식들이 집단으로 같은 흐름을 보이기 때문에 테마주는 집단성을 띤다. 예를 들어, 한국과 북한, 미국 간의 관계가 좋아지는 뉴스가 나오면 이에 반응해 신원, 아난티, 일신석재 등의 대북 테마주들이 다 같이 상승하는 흐름을 보인다.

테마주는 일반적인 주식에 비해 등락이 크기 때문에 단타를 하기에 매우 적합하다. 상한가에 들어가는 대부분은 테마주들이다. 이 등락을 이용해 큰 수익을 낼 수 있다. 이것은 실적만으로 설명이 불가능하다. 실적보다는 수급이 더 크게 작용한다. 따라서 테마주 매매를 할 때는 감사 시즌인 3월을 제외하고는 실적이나 다른 재무무제표 등을 심도 있게 분석하지 않는다.

엄밀히 말하면 테마주들을 심도 있게 분석할 필요가 없다. 아주 잠시만 보유해서 수익을 내고 빠져나올 계획이기 때문에 그런 분석은 오히려 시간 낭비가 될 수 있다. 단타 트레이더들에게는 그 주식을 보유하고 있는 동안의 주가 흐름이 가장 중요할 뿐이다. 따라서 테마주 매매에서 실적 논쟁을 벌일 필요가 없다. "실적이 이런데 주가가 왜 이렇게 오르시?"라는 말은 테마주의 속성을 모른다는 의미다. 빠른 속도가 생명인 레이싱카를 앞에 두고 세단에게나 중요한 안락함을 요구하는 것과 마찬가지다. 레이싱카는 빠르게 주행하기만 하면 된다.

7

하루에 2시간만 집중하라

한국 주식시장의 정규 운영시간은 오전 9시부터 오후 3시 30분까지 총 6시간 30분이다. 시간외 매매인 장전 시간외 매매와 장후 시간외 매매까지 포함하면 오전 8시 30분부터 오후 6시까지 총 9시간 30분이다. 주식시장의 운영 시간을 잘 활용하는 것은 트레이딩의 효율과 수익률 측면에서 큰 도움이 된다. 각각의 시간대마다 특징이 있기 때문에 이 특징에 맞는 매매를 하면 성공 확률을 더 높일 수 있다. 따라서 정규 운영시간인 6시간 30분 내내 온 신경을 곤두세워서 집중할 필요가 없다. 집중해야 되는 시간에만 집중함으로써 효율을 높이는 것이다. 그렇지 않은 시간에는 긴장을 풀고 편한 마음으로 시장을 관찰하면서 기다린다.

한국 주식시장의 시간대별 구분과 그 특징 그리고 이에 적합한 트레이딩 방식에 대해 알아보자.

(1) 오전 8:30∼8:40

이 시간대는 장전 시간외 매매가 이뤄지는 시간으로 전일 종가로 거래가 된다. 전일 오후 6시 이후에 새로 나온 소식이 있는 경우, 전일 종가로 거래하고 싶은 사람들이 주로 이용한다. 예를 들어서 어제 밤에 악재가 나와서 오늘 하락이 예상될 때, 어제 종가에 매도해서 손실을 줄이려는 경우에 장전 시간외에서 매도를 한다. 그런데 아쉽게도 이 시간대에 실제로 체결되는 양은 매우 적다. 그 종목에 관심 있는 사람은 이미 새로운 뉴스에 대해 알고 있기 때문이다. 체결량이 매우 적으므로 오전 8시 30분이 되자마자 바로 주문을 해야 그나마 체결 확률이 높아진다. 29분 55초부터 계속 주문을 넣는 사람도 있다.

(2) 오전 8:40∼9:00

오전 9시부터 시작하는 시가를 위해 많은 사람들이 주문을 넣는 시간대다. 주문은 오전 8:40부터 가능하지만 체결은 정규시장인 오전 9시부터 시작된다. 이때는 어제 장 마감 이후에 나온 뉴스가 주가에 반영되는 매우 중요한 시간이다. 하지만 호가 장난을 치는 사람들이 있어서 가격 변동이 심하다. 예상 체결가가 상한가나 하한가로 나와서 사람들을 들었다 놨다 하기도 한다. 장이 시작되

기 5분 전인 오전 8시 55분부터가 가장 정확하기 때문에 그 이전
의 예상가는 무시하고 이때부터 관심을 갖는 것이 좋다.

예상 체결가를 가지고 장난치는 유형은 두 가지다. 장전 시간외
에서 매수물량이 많이 쌓여있는데 반대로 예상 체결가가 하한가나
큰 하락을 보이는 경우다. 이때는 매도를 유발해 물량을 뺏으려는
의도로 해석한다. 반대로 장전 시간외에서 매도물량이 많이 쌓여있
는데 반대로 예상 체결가가 상한가나 큰 상승을 보이는 경우다. 이
때는 매수를 유발해 물량을 넘기려는 의도로 이해한다. 중요한 것
은 이른 시간의 예상 체결가에 속지 않고 오전 8시 55분 이후의 예
상 체결가에 관심을 갖는 것이다.

(3) 오전 9:00~10:00

오전 9시에 시가를 형성하며 정규시장이 시작된다. 시초가 매매
를 할 수 있으며, 전일에 종가 베팅으로 매수한 물량을 정리하기도
한다. 이때는 전일 장 마감 이후에 나온 뉴스나 시장의 이슈 그리고
당일 새벽에 마감된 미국 증시의 영향이 한 번에 반영되며 큰 변동
폭을 나타낸다. 그래서 오전에는 오후보다 목표 수익률을 좀 더 높
게 잡을 수도 있다. 단타를 하기에 매우 적합해서 가장 많은 트레이
더들이 집중을 하는 시간대다. 이 1시간만 매매를 하고 아예 쉬는
사람들도 있다.

주식단타로 매일매일 벌어봤어?

이 시간대에는 관심종목들의 움직임을 집중적으로 살펴서 오전부터 수익을 확보하기 위해 최선을 다한다. 오전에 수익이 발생해야 욕심과 조바심이 줄어들기 때문에 이후의 시간에서 보다 차분한 매매가 가능해진다.

(4) 오전 10:00~오후 2:00

이 시간대가 되면 장 시작 직후의 심한 변동폭이 차차 소강상태에 접어들면서 시장은 다소 안정을 찾는다. 특히 점심시간대인 오전 11시부터 오후 1시까지는 변동폭이 크게 줄어든다. 하락하는 종목의 반등 확률도 낮고 상승하는 종목의 상승폭도 낮아진다. 그래서 이 시간대에는 매매를 쉬는 경우가 많다. 오전에 매매를 많이 한 경우에는 잠시 낮잠을 통해 재충전을 하고 오후 장을 준비하기도 한다.

하지만, 이 시간에도 재료와 공시는 계속 나오기 때문에 급등하는 종목들은 점심시간에도 수시로 출현한다. 따라서 돌파 매매와 시황 매매를 하는 트레이더들은 이 시간에도 쉬지 않고 수익을 낼 수 있다.

(5) 오후 1:30~3:30

당일의 매매를 정리하고 내일 시장을 준비하는 시간이다. 마감시간으로 갈수록 당일 매수한 물량을 청산하려는 데이트레이더들의 매도물량이 쏟아져 나올 확률이 높다. 따라서 이때에는 눌림으로 매수할 때 각별히 신경을 써야 하며 반등폭도 오전보다 적을 수 있기 때문에 목표 수익률도 낮게 잡는 게 좋다.

요즘 큰 인기를 얻고 있는 종가 베팅도 이 시간에 이뤄진다. 이름 그대로라면 오후 3시 30분의 종가에 매수를 하는 게 맞지만 그 전에 매수를 하는 경우도 많다. 이르면 오후 2시부터 종가 베팅을 위한 매수를 시작하기도 한다.

오후 3시 30분에 당일 종가가 나오면서 정규시간을 마친다.

(6) 오후 3:40~4:00

이 시간에는 방금 형성된 당일 종가로 거래가 가능하다. 시간은 20분이 주어진다. 당일 수급의 최종결과가 나오면서 여기에 대한 실망 매물이 매도로 나오거나 기대감에 매수가 들어오기도 한다. 종가 베팅을 하려 했으나 체결이 안 된 사람들의 추가적인 매수주문도 들어온다.

(7) 오후 4:00~6:00

정식 명칭은 '시간외 단일가 거래'다. 오후 4시부터 10분 단위로 체결된다. 당일 종가를 기준으로 위아래 10%의 변동폭이 있다. 일반적으로는 시간외 단일가 매매에서 큰 변동은 없는 편이다. 하지만 장 마감 이후에 뉴스가 나온 경우에는 이 시간대에 주가가 크게 움직일 수 있기 때문에, 종목을 보유하고 있다면 시간외 매매에도 신경을 써야 한다. 시간외 매매만 전문적으로 하는 기법이 있을 정도다.

시간외 매매에서 주가가 특별한 이유 없이 작은 변동을 보였다고 해서 신경 쓸 필요가 없다. 일시적인 변동일 뿐이다. 시간외에서의 주가 변동이 반드시 다음 날의 주가 흐름에 영향을 미치는 것은 아니다.

최근의 단타 트렌드는 오전과 오후 각 1시간씩만 매매를 하는 것으로 바뀌었다. 오전 9시부터 10시 그리고 오후 2시 30분부터 3시 30분까지 총 2시간이다. 이 시간대가 매매가 가장 활발하고 성공 확률도 높기 때문이다. 당일 수익의 대부분이 이 시간대에 발생하는 추세다. 그러다 보니 이 2시간에만 집중을 하고, 이외의 시간에는 매매를 쉬자는 생각이 널리 퍼지고 있다. 그래서 확률이 낮은 시간대에는 수급이 점점 줄어들고 있다.

무조건 수익을 내겠다는 욕심보다는 이러한 시간대별 특징을 인지하고 이에 맞게 유연하게 대응하는 것이 현명한 트레이더다.

8

승률 100%의 기법은 존재할까?

　단기 트레이딩으로 성공하기 위해서는 자신만의 원칙을 만드는 것이 가장 중요하다고 강조했다. 이 원칙을 갈고닦아 자신만의 필살기로 발전시켜야 험난한 주식시장에서 살아남을 수 있다. 명확한 근거 없이 단순히 '오를 것 같은데?'라는 막연한 느낌만으로 주식을 샀다가는 손실을 보기 쉽다. 느낌에 의한 트레이딩이 아니라 원칙에 의한 트레이딩이 돼야 한다. 느낌으로 하는 건 예술을 하는 아티스트의 영역이다.

　이 원칙이라는 것에 대해 구체적으로 이야기를 해보자. 원칙 매매라는 것은 자신이 설정한 원칙에 부합할 때만 주식을 사고판다는 것이다. 원칙은 시장에 대한 원칙일 수도 있고, 종목에 대한 원칙일 수도 있으며 종목을 사고파는 시점에 대한 원칙일 수도 있다.

원칙은 트레이더의 성향과 투자 환경 그리고 추구하는 트레이딩 방식에 따라 제각각일 수밖에 없다. 어떤 트레이딩을 하느냐에 따라 원칙의 내용은 완전히 달라진다. 상승하고 있는 종목을 매매하는 양봉 매매와 하락하고 있는 종목을 매매하는 음봉 매매의 원칙이 똑같을 수는 없다. 상승의 특성과 하락의 특성에 맞는 원칙을 세워야 한다.

원칙을 세운 이후에는 확률의 문제가 기다리고 있다. 흔히 말하는 승률, 성공률이다. 주식을 매수한 전체 횟수 중에서 수익이 발생한 익절의 비율을 뜻한다. 본인이 정립한 원칙의 성공률이 낮으면 잘못된 점을 찾아 개선해야 된다. 여러 차례 개선했음에도 확률이 오르지 않는다면 포기하고 아예 새로운 원칙을 개발하는 것도 방법이다.

당연한 말이지만, 성공률이 높으면 높을수록 좋다. 주식 투자에서는 일반적으로 70%의 성공률만 돼도 괜찮다고 한다. 80% 이상이면 높은 편이라고 한다. 사람마다 다르겠지만, 고수들은 대부분 80% 이상의 확률에 베팅을 한다. 나는 80% 이하의 승률은 기법으로 인정하지 않는다. 내가 사용하는 기법들은 최소 90% 이상의 승률을 나타낸다.

그럼 주식시장에 100%의 승률은 없을까?

100% 승률은 아마 누구나 한 번씩은 꿈꾸는 일종의 환상일 것이다. 나의 경험과 견문에 비춰볼 때, 나의 답은 '100%의 승률은 있다'다. 여러 가지 사례들을 알아보자.

예전에 실전투자대회에서 2개월 만에 수천%의 수익률로 1위에 입상한 고수에게 그 비결에 대해 물어본 적이 있었다. 그의 말이 굉장히 인상적이었다. 매매 방식에 대해 설명하면서 마지막에 '100%'라고 덧붙였기 때문이다. 그것도 아주 당당하게. 확률에 대해 묻지도 않았는데 먼저 말을 한 것이었다. 실전대회에서 이미 1등을 한 사람이 100%를 얘기하니 믿을 수밖에 없었다.

단타를 주력으로 하는 주변의 지인들로부터도 비슷한 이야기를 들은 적이 있다. 주식에 대한 이야기를 나누다가 승률에 대해 물으면 '지금까지는 100%야'라고 말하는 사람들이 가끔 있다. 여기서 오해를 하기 쉬운데, 이것은 모든 매수에 대해 100%라는 것이 아니다. 특정 기법으로 매수했을 때 현재까지는 100%의 승률을 거뒀다는 의미다. 이것은 나도 마찬가지다. 나의 필살기 중 몇 개는 지금까지 100%의 확률을 자랑한다. 그렇기 때문에 그 사람들의 말을 쉽게 수긍할 수 있었다.

'주식에 100%가 어딨어? 거짓말이거나 사기지'라며 의문을 품는 사람이 있을 것이다. 이것을 이해하기 위해서는 '빈도'라는 개념과 결부시켜야 한다. 결론부터 말하면 승률과 빈도는 반비례한다.

매매 빈도가 높을수록 승률은 감소한다. 하루에 10번 매매한다고 해서 100% 다 성공할 수는 없다. 매매 횟수가 많아질수록 실패 확률도 높아진다. 반면에 승률이 높을수록 매매 빈도는 낮아진다. 100% 성공률을 가진 매수 기회는 자주 오지 않는다. 본인이 연구를 해보면 이 사실을 쉽게 깨달을 수 있다.

정리하자면, '주식시장에 100%의 승률은 있다. 그러나 빈도는 낮다'는 것이 나의 의견이다.

참고로 100% 대신에 95%라고 낮춰서 말하는 경우도 있다. 그 이유는 주식시장의 특성 때문이다. 지금까지는 100%지만, 한치 앞도 알 수 없는 주식시장의 특성상 앞으로도 계속 잘되리라고 장담할 수는 없고, 또 언젠가는 실패할 수도 있을 거라는 생각에 대략적으로 95%라고 하는 것이다. 물론 겸손의 의미도 내포하고 있다.

트레이딩의 효율

나는 90% 이상의 확률을 추구한다. 이 뜻은 나의 매매 빈도가 낮다는 이야기다. 사실이다. 나는 매매를 자주 하지 않는다. 하루에 보통 1회에서 2회 정도 한다. 정말 많아야 3회다. 좋은 종목이 없으면 그날은 아예 쉰다. 나는 이게 좋다. 빈도가 적다 보니 기다려야 된다는 단점은 있다. 하지만, 수익을 낼 확률이 매우 높다는 큰 장점을 가지고 있다. 그래서 매수주문이 체결될 때부터 매도를 마칠 때까지 주식을 보유하고 있는 내내 마음이 편하다. 주식을 사놓고 불안에 떨지 않으며 스트레스도 거의 안 받는다. 당연히 정신건강에도 훨씬 좋다. 이러한 이유들로 인해 큰 금액을 자신 있게 베팅할 수 있다는 또 다른 장점도 지니고 있다. 솔직히 기다리는 건 일도 아니다. 주식시장에서 확실한 수익을 얻을 수 있다는 사실이 중요하다.

한 가지 생각해볼 것이 있다. 하루에 매매 회수가 세 번이라고 하자. 70%의 승률이라면 세 번 중에서 두 번은 수익이고 한 번은 손실이라는 의미다. 수익과 손실의 크기가 같다면, 한 번의 손실이 다른 한 번의 수익을 상쇄하므로 결과적으로는 한 번 매매해서 얻는 수익과 동일하다.

이처럼 세 번 매매를 해도 한 번의 매매와 동일한 수익을 얻을 바에야, 확실한 한 번만 공략하자는 것이 나의 트레이딩 철학이다. 확실한 한 번으로 확실한 수익을 가져가는 것이 훨씬 더 효율적이라고 생각한다. 내가 가장 중요시 여기는 가치 중의 하나가 '효율'이라는 점을 다시 한번 강조한다.

나는 확실할 때만 하고 확실한 게 없으면 쉰다. 확률 낮은 매매에서 소중한 돈을 걸고 굳이 모험을 하고 싶지 않기 때문이다. 하지만 정답은 없다. 본인의 성격과 성향, 그리고 위험 감내도 등을 고려해 본인에게 가장 적합한 매매 원칙을 개발하고 발전시키면 된다. 무엇을 선택할지는 본인에게 달려있다

마지막으로는 승률에 너무 집착하지 않아도 된다는 말을 덧붙이고 싶다. '51%만 돼도 이기는 싸움이니까 해볼 만하다'며 주식 단타에 도전해서 성공한 경우도 있다. 이때 중요한 점은 승률이 낮을수록 손실을 칼같이 잘라내는 손절을 잘해야 한다는 것이다. 그래야 손익비가 맞기 때문이다. 손절을 하지 못하면 손실이 수익보다 더 커져서 결국 손실로 마감하게 된다. 60%의 승률로 실전투자대회에 참가해서 1위를 하신 분도 계시다.

9

같은 수익률로
손실과 수익을 반복하면?

　주식은 수익률 싸움이다. 물론 실제로는 수익금이 더 중요하지만 기본은 수익률이다. 적은 수익률일지라도 꾸준히 쌓아가다 보면 어느새 큰 수익금을 만들 수 있다. 그리고 적은 수익률일지라도 매수 금액을 크게 해서 큰 수익을 거둘 수도 있다. 100만 원의 3%는 고작 3만 원이지만, 1억 원의 3%는 300만 원이고 10억 원의 3%는 3천만 원이다. 똑같은 3%지만, 베팅 금액에 따라 수익금도 달라지는 것이다. 내가 매일 3%의 수익을 확실하게 얻을 수 있다면, 큰 금액을 베팅해서 매일매일 큰 수익금을 얻을 수 있다. 실제로 일부 단타 고수들이 이렇게 한다. 하루에 수천만 원을 버는 고수들이라고 해서 모두가 하루에 수십%의 수익률을 거두는 것이 아니다. 불과 2~5%의 수익률이지만 베팅금액을 크게 해서 큰 수익금을 얻는 것이다. 다시

한번 강조한다. 똑같은 3%여도, 100만 원의 3%는 3만 원이고 1억 원의 3%는 300만 원이며 10억 원의 3%는 3천만 원이다.

수익률과 수익금 계산

이제는 HTS·MTS가 워낙 발달해 있어서 본인이 직접 수익률을 계산할 필요는 없어졌다. 수익률 현황이나 매매 내역을 보면 수익률이 다 나온다. 하지만 그 원리를 알고 있으면 본인이 직접 활용할 수 있기 때문에 아래에서 간략하게 설명한다. 추후에 통계나 복기 등을 할 때 활용하면 좋다.

수익률(%) = [매매차익÷매수금액]의 백분율(%)

= (매도금액-매수금액)×100÷매수 금액

수익률은 매수와 매도를 통해 얻은 수익금을 매수한 금액으로 나누고 이를 백분율(%)로 바꿔 구한다. 예를 들어, 100만 원으로 주식을 매수해 105만 원에 팔면 수익금이 5만 원이 된다. 이 수익금 5만 원을 매수한 금액인 100만 원으로 나눈다. 그러면 0.05가 나오는데, 0.05는 백분율로 5%이므로 수익률은 5%가 된다(세금과 수수료 제외).

이해를 돕기 위해 한 번 더 예를 들어보겠다. 1만 원짜리 주식을 500주 매수하고(총 500만 원 매수), 10,500원에 전량 매도한 경우(총 매도 금액은 525만 원), 매매차익은 25만 원이다. 매매차익 25만 원을 매수금액 500만 원으로 나누면 0.05가 나온다. 0.05를 백분율로 바꾸면 5%이므로, 이 매매에서 얻은 수익률은 5%다.

더 간단하게 계산하는 방법은, 매수 수량과 매도 수량이 동일한 경우에 수량은 제외하고 매수가격과 매도가격만 이용하는 것이다. 바로 위의 예에서, 매수가격은 1만 원이고 매도가격은 10,500원이므로, 매매차익은 500원이 된다. 이 500원을 매수가격인 1만 원으로 나누면 0.05가 나온다. 이를 백분율로 바꾸면 5%다.

수익률(%) = [매매차익÷매수가격]의 백분율(%)
       = (매도가격-매수가격)×100÷매수가격

이번에는 반대로, 수익률을 이용해 수익금을 구해보자.

수익인 경우, 수익금 = (1+수익률)×원금
손실인 경우, 수익금 = (1-수익률)×원금

수익인 경우에는, 수익률을 소수로 바꾸고, 이를 숫자 1에 더한

후에 원금에 곱하면 된다. 손실인 경우에는, 수익률을 소수로 바꾸되, 손실이므로 1에서 이 소수를 뺀 값을 원금에 곱하면 된다.

예를 들어 100만 원으로 10%의 수익을 거뒀으면, 10%는 0.1이므로 (1+0.1)×100만 원=1.1×100만 원=110만 원이 된다.

반대로, 100만 원으로 10%의 손실을 봤으면, 10%는 0.1이므로 (1-0.1)×100만 원=0.9×100만 원=90만 원이 된다.

수익률에 대한 착각

지금부터는 오묘한 수익률의 비밀에 대해 알아보자. 이것은 사람들이 의외로 많이 하는 착각들이다.

첫 번째 매매에서 10% 수익을 얻고 두 번째 매매에서 10% 손실을 봤다면, 원금은 그대로일까?

원금을 100만 원이라고 가정하고, 위에서 배운 수익률 계산법을 통해 직접 계산해보자. 첫 번째 매매에서 10% 수익을 얻었으니, 이 때는 (1+0.1)×100만 원=110만 원이 된다. 이 110만 원으로 두 번째 매매에서는 10%의 손실을 봤다. 계산을 하면 (1-0.1)×110만 원=99만 원이다. 즉, 100만 원이 최종적으로는 99만 원이 된 것이고 최초 원금 100만 원 대비 1만 원이 적으므로 실제로는 1% 손해를 본 것이다. 즉 10% 수익을 보고 10% 손실을 보면 본전이 아니라, -1%라는 의미다.

그럼, 20% 수익을 얻고 나서 20% 손실을 보면 어떻게 될까? 첫 번째 매매에서 20% 수익을 얻었으니, 이때는 (1+0.2)×100만 원=120만 원이 된다. 이 120만 원으로 두 번째 매매에서는 20%의 손실을 봤다. 계산을 하면 (1-0.2)×120만 원=96만 원이다. 즉, 100만 원이 최종적으로는 96만 원이 된 것이고 최초 원금 100만 원 대비 4만 원이 적으므로 실제로는 4% 손해를 본 것이다. 즉 20% 수익을 보고 20% 손실을 보면 본전이 아니라, -4%라는 의미다.

주식시장에는 상한가와 하한가라는 제도가 있다. 당일 상승의 최고 한도는 전일 대비 +30%이고, 당일 하락의 최고 한도는 전일 대비 -30%라는 뜻이다. 그럼, 원금 100만 원으로 내일 상한가를 맞고 그다음 날 하한가를 맞으면, 원금은 그대로일까?

내일 상한가라면 30%의 수익을 얻으니, 이때는 (1+0.3)×100만 원=130만 원이 된다. 이 130만 원으로 그다음 날 하한가를 맞으면

30%의 손실을 보므로, 계산을 하면 (1-0.3)×130만 원=91만 원이다. 즉, 100만 원으로 상한가를 맞고 바로 이어서 하한가를 맞으면 최종적으로는 91만 원이 돼서 실제로는 9% 손해를 보게 된다.

내일 하한가를 먼저 맞고 그다음 날 상한가를 맞아도 결과는 같다.

1일차 하한가: (1-0.3)×100만 원=70만 원

2일차 상한가: (1+0.3)×70만 원=91만 원

⇒ 최종적으로는 91만 원이므로 −9%

이번에는 난이도를 조금 높여보자.

100% 수익을 보고 50% 손실을 보면, 50% 수익일까?

최초의 원금과 동일하게 돼서 수익률은 0%다.

100% 수익: (1+1)×100만 원=200만 원

50% 손실: (1-0.5)×200만 원=100만 원

⇒ 최종적으로는 100만 원이므로 0%

50% 손실 보고 나서 50% 수익을 보면 본전 그대로일까?

결론은 -25%다.

50% 손실: (1-0.5)×100만 원=50만 원

50% 수익: (1+0.5)×50만 원=75만 원

⇒ 최종적으로는 75만 원이므로 -25%

그럼, 50% 손실 이후에 본전이 되려면 몇 %의 수익을 거둬야 할까? 답은 100%다. 이것은 사람들이 의외로 많이 하는 착각이다. 손실율과 동일한 수익률이 나오면 원금이 회복될 거라는 생각이다. 하지만 50% 손실을 봤다면 원금을 회복하기 위해서 50% 수익이 아닌 100%의 수익이 필요하다.

50% 손실: (1-0.5)×100만 원=50만 원

100% 수익: (1+1)×50만 원=100만 원

⇒ 최종적으로 100만 원이므로 원금 회복

위에서 확인했듯이, 손실을 봤다면 원금을 회복하기 위해 그 손실률보다 더 높은 수익률을 얻어야 한다. 그리고 손실률이 클수록 필요한 수익률도 더 커진다. 따라서 애초부터 손실을 적게 보는 것이 중요하다.

10

조건 검색기에서
시스템 트레이딩으로 발전시키기

최근에 많은 사람들로부터 각광을 받고 있는 것이 HTS에 있는 조건 검색기다. 조건 검색기는 특정 조건에 맞는 검색식을 미리 설정해두면 그 조건에 맞는 종목이 나타났을 때 실시간으로 화면에 나타내주는 창을 말한다. 힘들게 일일이 손품 팔며 좋은 종목을 찾아야 하는 번거로움 없이, 검색기만 보고 있다가 종목이 나타나면 바로 매수해서 수익을 낼 수 있다는 편의성이 부각되면서 순식간에 많은 사람들의 큰 인기를 얻었다. 한때는 이 검색식을 판매하는 '검색식 장사'도 유행할 정도였다.

아마 단타를 하는 사람들이라면 누구나 한 번쯤은 검색식을 만들어봤을 것이다. 단타에 관심이 있어서 검색식을 구매해본 경험도

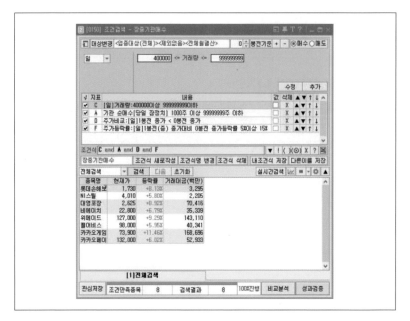

[그림 4-17] 검색식 예시: 장중 기관 매수 종목

있을 것이다. 그런데 검색식만으로 돈을 버는 것이 쉽지 않다는 것을 깨닫는 데는 그리 오랜 시간이 필요하지 않다. 솔직히 잘 안 맞는다. 그다지 높은 확률이 나오지 않는다.

남이 만들어놓은 검색기만 가지고는 돈 벌기 쉽지 않다. 상식적으로 생각해보자. 그렇게 좋은 검색기라면 왜 남에게 팔까? 그것도 몇백, 몇천만 원도 아닌 고작 몇십만 원에.

검색식의 확률이 낮은 이유는 간단하다. 아직까지는 HTS에서 제공하는 검색식의 조건과 수식이 정교하지 않기 때문이다. 단기 매매에서 성공하기 위해서는 여러 가지 복잡한 조건들을 만족시켜야 하는데 HTS에서 제공하는 수식만으로는 이 조건값을 구현하는 게 매우 어렵다. 주식은 종합예술인 데 반해, 검색식은 종합적이지 않고 단편적이다. 현재 조건 검색기가 가장 발달돼 있다는 키움증권의 경우도 마찬가지다.

내 주변의 주식 고수분들도 특별한 경우를 제외하고는 검색식은 잘 안 쓴다. 두 가지 이유가 있다. 가장 큰 이유는 그분들은 아무리 못해도 최소 5년 이상의 주식 경력이 있으신데, 그분들이 주식을 시작할 당시만 하더라도 지금처럼 검색식이 발달하지 않았기 때문이다. 그 당시에는 자동이 없다 보니 수동으로 할 수밖에 없었고, 이런 과정이 오랜 시간을 거치면서 수동이 오히려 더 편해지고 익숙해진 것이다. 그래서 검색식이 있음에도 불구하고 잘 안 쓰는 경우를 많이 봤다. 두 번째 이유는 위에서 설명한 대로 확률이 낮기 때문이다.

나도 특별한 매매를 제외하고는 검색식은 잘 안 쓴다. 검색식으로 포착이 가능한 매매를 할 때만 사용한다. 하지만 내 매매에서 이런 경우는 극히 드물기 때문에 검색식 사용 빈도가 낮을 수밖에 없다. "주식은 종합예술이다"라고 항상 강조하는 나의 까다로운 입맛을 검색식은 충족시키지 못한다.

하지만 증권사의 HTS도 하루가 다르게 진화하고 있다. 이 글을 쓰고 있는 순간에도 개선과 발전이 진행되고 있을 것이다. 따라서 무조건적인 기피나 배척보다는 수시로 동향을 살피면서 본인의 트레이딩과 접목할 수 있는 부분을 찾아 개발하는 것이 필요하다. 조건 검색기를 잘 사용하면 앞에서 얘기한 대로 검색기에 나타난 종목만 매매하면서 편하게 돈을 벌 수도 있다.

추후에는 이를 시스템 트레이딩으로 발전시켜서 손 하나 까딱 안하고도 프로그램이 알아서 매수매도를 해주는 자동매매 시스템까지도 구축할 수 있다. 나는 편하게 놀고 먹고 여행하고 있는 동안에 프로그램이 알아서 매매를 해서 돈을 벌어준다면 이것보다 신나는 일이 또 있을까?

그러기 위해서는 아래의 두 가지를 지키는 것이 매우 중요하다.

(1) 검색식은 직접 만들자.

검색식의 원리를 본인이 직접 알고 직접 만드는 것이 무엇보다도 중요하다. 그래야만 시스템 트레이딩에 필요한 로직을 직접 만들 수 있을 정도로 발전시킬 수 있다. 전문가들의 검색기를 구입했을지라도 그 검색식들을 뜯어보면서 원리를 익히는 것이 매우 중요하다. 이 수식은 무엇을 의미하는 것일까에 대해 깊게 고민해야 한다. 이 과정을 거치면 본인만의 트레이딩 스킬도 발전하게 된다. 사실 이 점이 가장 중요한 포인트다. 나중에는 굳이 검색식이 없어도

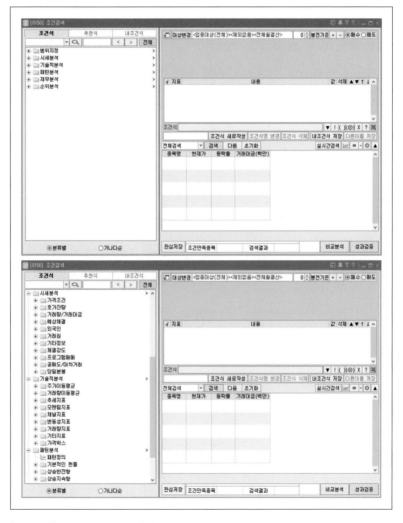

[그림 4-18] 키움증권의 조건검색식

스스로 혼자 매매할 수 있을 정도가 된다. 그리고 나날이 발전하고 있는 HTS를 이용해 더 좋은 검색식을 만들 수도 있다.

검색기의 기능들을 하나하나 살펴보면서 나의 트레이딩에 어떤 점을 활용할 수 있을지를 찾아보자. 키움증권의 조건 검색식은 현재 6가지 영역으로 이뤄져있으며, 영역별로 세부적인 수식들이 매우 많다. 약간의 실력만 있다면 이 수식들을 하나하나 찬찬히 보는 것만으로도 머릿속에 '이렇게 하면 되겠네'라며 수많은 투자 전략들이 떠오를 것이다.

(2) 검색식에 출현했다고 무조건 사는 것이 아니다.

의외로 검색식을 지나치게 맹신하는 사람들이 많다. 초보자들일수록 더욱 심하다. 검색기에 출현하면 무조건 수익이 날 거라는 환상을 가지고 처음부터 큰돈을 베팅하는 사람들도 있다. 이는 판매자들의 상술과 돈을 쉽게 벌겠다는 욕심이 결합된 결과다. 하지만 앞에서 말한 대로 현재의 검색기는 한계가 있을 수밖에 없다. 그래서 검색기를 가리켜 '검새끼'라고 농담 삼아 낮춰 부르기도 한다. 검증되지 않은 확률 낮은 검색기만 믿고 베팅하는 것은 도박과 다를 게 없다.

본인이 직접 만들었거나 다른 사람의 검색기를 구입했거나에 상관없이, 처음부터 검색기에 나온 종목들을 무조건 매수하기보다는 직접 검증을 해보는 것이 가장 필요하다. 검색기는 매수할 종목을 찍어주는 게 아니라, 주식시장에 있는 2,300개의 종목 중에서 내가 원하는 종목들을 압축해서 제시해주는 것이라고 생각하면 된다. 검색기에 출현한 종목들을 하나씩 분석해보면서 나의 원칙에 맞는 매수 종목을 다시 선별하는 게 가장 중요하다. 그리고 실전에서 적용해 보면서 잘된 것과 안 된 것의 원인을 분석하고 차츰차츰 보완해야 한다. 또 하루하루 검증을 하다 보면 좋은 종목이 검색기에 안 나오는 경우도 있고 안 좋은 종목이 검색기에 나오는 경우도 발생한다. 이럴 때는 그 이유가 무엇인지를 분석해서 검색기의 성능을 계속해서 발전시켜야 한다.

조건 검색식 검증 방법

조건 검색 창의 우측 하단에 보면 성과검증이라는 빨간색 버튼이 있다. 본인이 만든 조건 검색식을 과거의 특정 시점에 매수했다고 가정해 그 기간 동안의 수익률과 그 기간 내의 최고 수익률을 보여준다. 그리고 코스피와 코스닥 대비 해당 검색식의 수익률도 비교해주기 때문에 분석에 매우 용이하다. 과거 시점에서의 매수를 쉽게 적용할 수 있기 때문에 장기간에 걸친 검색식 검증에 특히 좋다.

[그림 4-19] 검색식 성과 검증

자동으로 사고파는 시스템 트레이딩 만들기

시스템 트레이딩은 자동매매 주식 프로그램이라고도 불린다. 사전에 조건 검색식을 설정해두면 그 조건에 부합하는 종목이 출현했을 때 자동으로 사고파는 프로그램이다. 사람의 개입이 없기 때문에 뇌동 매매를 방지할 수 있으며 칼 같은 손절을 할 수 있기 때문에 기계적인 트레이딩을 추구하는 사람들이 특히 선호한다. 일반 업체에서 유료로 제공하지만, 키움증권을 이용하면 '캐치'라는 자동매매 프로그램을 무료로 이용할 수 있다. 모의 투자와 실전 투자 둘 다 제공하기 때문에, 모의 투자를 통해 얼마든지 본인의 검색식을 검증하고 발전시킬 수 있다. 좋은 기능이 많기 때문에 시스템 트레이딩에 관심이 있다면 꼭 참고하기 바란다.

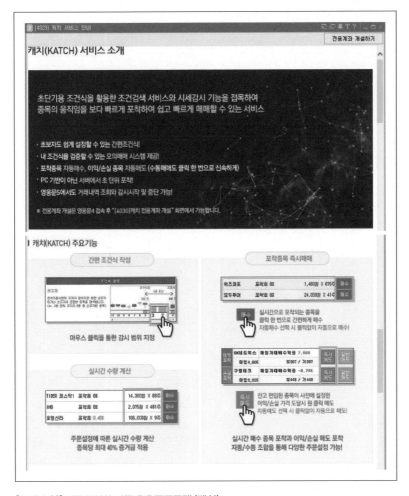

[그림 4-20] 키움증권의 자동매매 프로그램 '캐치'

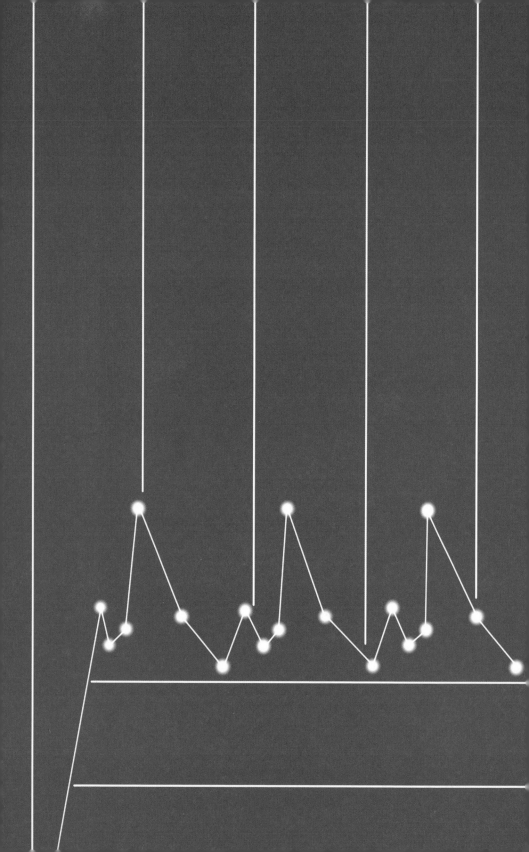

5장

단타 고수가 되기 위한
마인드 컨트롤

주린이를 위한 실전 단타 입문서

지금은 유튜브나 다양한 채널들을 통해 주식을 배울 수 있는 곳이 넘쳐나서 어디서 무엇을 배워야 하는지 고르는 게 고민인 시대가 됐다. 하지만 내가 주식을 처음 공부하던 증권사 신입사원 시절에는 이런 학습 자료들이 거의 전무하던 때라 주식 관련 책들을 많이 볼 수밖에 없었다. 그때마다 항상 아쉬운 점이 있었다. 나는 매수매도를 잘하는 기술을 배우고 싶었는데, 책을 펼치면 마인드가 가장 먼저 나오고 기술적인 부분은 책의 뒷부분에 나오는 것이었다. 저자들의 논리는 '지나고 나니 마인드가 중요하다는 것을 깨달아서 마인드에 관한 부분을 맨 앞에 넣었다'는 식이었다.

마인드가 중요한 것은 맞다. 하지만 마인드는 고수로 올라갈수록 더 요구된다. 초보자들에게는 기술적인 부분이 가장 시급하다. 아는 게 있어야 마인드 관리도 하는 거다. 아는 것이 부족한 초보자들은 마인드보다 기술을 익히는 게 더 급선무다. 예전의 아쉬움을 여러분들에게 전해주기 싫은 마음에, 나는 마인드 부분을 이 책의 가장 마지막 부분에 편성했다.

하지만 잊어서는 안 된다. 마인드 역시 매우 중요하다는 것을. 이장에는 내가 13년간 주식시장에서 몸소 체득한 내용들을 기술했다. 어느 하나라도 중요하지 않는 내용이 없다. 큰 손절을 했을 때 혹은 매매가 잘 안 될 때마다 이 부분을 읽어 보면서 마인드 측면에서 어떤 점이 부족했는지를 파악하는 습관을 갖는 것도 좋다. 마인드 관리는 고수로 성장하기 위한 필수 관문이다. 마인드가 기술의 승패를 좌우한다고 해도 과언이 아니다.

1

실력 관리

　단기 트레이딩 위주의 주식 투자에서 성공하기 위해서는 4가지가 필요하다. 좋은 주식을 발굴하고 좋은 가격에 사기 위한 트레이딩 테크닉, 이 주식을 살 수 있는 투자금, 이 돈을 잘 운용하는 계좌운용, 그리고 투자 기간 내내 이 모든 것을 스스로를 통제할 수 있는 마인드의 4가지다.

*주식 투자 성공 4요소
=트레이딩 테크닉+투자금+계좌 운용+마인드

　이 중에서 초보자들에게 가장 필요한 것은 트레이딩 테크닉이고, 고수로 올라갈수록 마인드가 가장 요구된다. 실력 관리는 위에서 말한 네 가지 중에서 트레이딩 테크닉과 연관된다. 좋은 주식을 발굴할 수 있는 실력 그리고 좋은 시점에 주식을 살 수 있는 실력을 의미한다. 이런 실력을 갖기 위해서는 꾸준한 연구와 공부를 통해 자신만의 투자 원칙을 정립하는 것이 필요하다.

안타깝게도 대부분의 사람들은 이런 과정 없이 다른 사람의 말만 듣고 주식을 산다. 고객님들과 상담을 할 때 손실을 보고 있는 종목을 왜 사셨는지 물어보면, 십중팔구는 친구나 주변의 지인이 추천해서라고 대답한다. 이럴 경우 자신만의 기준이 없는 상태이기 때문에 스스로 판단을 할 수가 없다. 주가가 하락해도 별다른 대응을 못 하고 추천해준 사람의 말만 기다리게만 된다.

나는 절대 다른 사람의 말만 듣고서는 주식을 사지 않는다. 증권사 재직 시절에 크게 혼난 경험이 있기 때문이다. 한 증권회사 애널리스트로부터 종목 추천을 받았다. 그분은 베스트 애널리스트로 수차례 선정되실 정도로 매우 유능한 분이었고 추천 사유 또한 좋았다. 게다가 주가 역시 그분이 추천한 이후에 수개월째 계속 상승해 오고 있었다. 예상 목표주가까지 아직 많이 남아있기에 내 고객님들의 상당 금액을 이 주식에 투자했다.

하지만 매수를 마친 3일 뒤부터 3일 연속 하한가에 들어갔고 하루 쉬고 또다시 하한가 행진을 하면서 순식간에 반 토막이 났다(상하한가 15% 시절). 오랜 시간이 지난 후에야 잘 마무리는 됐지만, 나에게는 큰 교훈을 준 사건이었다. 이후로는 다른 사람이 아무리 좋은 주식이라고 해도 한 귀로 듣고 한 귀로 흘린다.

'이 회사가 설마 망하겠어?'라는 생각으로 주식을 사는 사람들도 있다. 이런 생각으로는 주식으로 돈 벌기 어렵다. 주식 투자로 돈을 벌려면 주가가 오를 수 있는 주식을 사야 되는 것이지 망하지 않는 주식을 사면 안 된다.

검색기에 의존하려는 사람들도 많다. 복잡하게 머리 쓸 필요 없이 검색기에 종목이 포착되면 바로 매수하고 편하게 수익을 내겠다는 것이다. 그러나 결과는 그다지 좋지 않다. 아무리 검색 조건이 좋을지라도 검색기는 종목을 선별하는 데 한계가 있기 때문이다. 실제로 주식 고수들은 검색기로 종목을 찾는 경우를 찾아보기 어렵다. 검색기에 대한 환상을 버리자.

1) 강력한 기법을 만들려면?

많은 사람들이 주식을 쉽게 생각한다. 좋은 정보를 받아서 주식을 사두면 저절로 올라가서 큰돈을 버는 걸로 생각한다. 하지만 절대 그렇지 않다. 주식 투자는 절대 쉽지 않다. 전 세계에서 똑똑하다는 사람들이 모여서 도전하지만 성공하는 사람은 매우 드물다. 천재 과학자인 아인슈타인은 노벨상으로 받은 상금을 주식에 투자했다가 미국의 경제 대공황 때 모두 날렸다고 한다. 만유인력의 법칙을 발견한 뉴턴은 투자한 회사의 주가가 폭락하면서 현재 기준으로 40억 원의 투자금 전부를 잃었다고 한다.

나도 공부라면 어디 가서 뒤지지 않을 정도로 다양한 분야의 공부를 많이 해봤지만, 주식 투자가 가장 어렵다고 단언한다. 그 이유는 주식시장에는 100% 정답이 없기 때문이다. 이럴 때는 이게 맞고 저럴 때는 저게 맞는 곳이 주식시장이다. 모든 답은 주식시장이 결정해준다. 우리는 거기에 따를 뿐이다. 주식을 쉽게 생각하는 사람들에게 나는 항상 말한다.

"주식이 그렇게 쉬우면 모든 사람이 일 안 하고 다 주식 하지, 뭐 하러 밖에서 힘들게 일하겠어."

쉽게 돈을 벌려고 하니까 쉽게 사기를 당하는 거다. 항상 연구하고 공부해야 한다. 시장에 대해 그리고 종목과 타이밍에 대해. 본인이 직접 종목을 발굴할 수 있어야 하고, 그 주식을 사고팔 타이밍도 본인이 직접 결정할 수 있어야 한다. 그리고 이것을 자신만의 원칙으로 정립해서 매일매일 반복해야 한다. 그러면 자신의 원칙에 실전 경험이 녹아들면서 나중에는 수억, 수십억 원을 베팅할 수 있을 정도의 강력한 기법으로 발전한다.

내가 좋아하는 중국의 무술 영화 중에 〈엽문〉이라는 시리즈가 있다. 여기에는 영춘권의 최고수가 등장한다. 그는 매일 훈련을 하면서 영춘권을 단련할 것을 강조한다. 나는 이 영화를 볼 때마다 단기 트레이딩도 이와 똑같다고 생각했다. 쿵후 고수가 매일 영춘권을 훈련하듯이 주식 트레이더들도 매일매일의 주식시장에서 본인의 스킬과 기법을 단련하면서 주식 고수가 돼야 한다. 비장한 각오로 진지하게 투자에 임하자. 힘들고 악착같이 번 돈, 써보지도 못하고 허무하게 날릴 수는 없지 않는가.

2) 빠른 성장과 자신감 회복의 비결

단기 트레이딩으로 큰돈을 번 고수들이 한결같이 강조하는 것은 매매일지 기록이다. 그날그날 본인이 어떤 주식을 사고팔았으며 그 매수매도의 이유를 차트와 함께 기록하는 것이다. 매매일지가 별거 아니라고 생각할 수 있지만, 생각보다 엄청난 힘을 가지고 있다. 일기를 쓰면서 그날을 되돌아보고 내일을 준비하듯이, 트레이더는 매매일지를 통해 자신의 트레이딩을 반성하고 자신의 원칙을 발전시켜 나가게 된다. 아무리 머릿속에 잘 정리돼 있다 할지라도 직접 글로 쓰고 차트를 첨부하는 과정을 통해 더욱 구체화되고 체계적으로 자리 잡는다.

매매일지는 또 다른 역할도 한다. 지수가 상승해서 많은 종목들이 올랐지만 정작 본인은 손실을 본 경우 소외감으로 인해 자신감을 잃게 되는 경우가 있다. 혹은 3일 이상 연속해서 손실을 보면 본인의 매매에 큰 문제가 있다고 생각해서 좌절감을 느끼기도 한다. 이럴 때 가장 빠르게 자신감을 회복하는 방법은 자신이 그동안 기록한 매매일지를 보는 것이다. 그동안 잘된 매매를 되돌아보면서 자신감도 되찾고 현재의 문제점도 찾을 수 있게 된다.

나도 예전에는 매매일지를 쓰라는 조언을 한 귀로 듣고 한 귀로 흘렸었다. 하지만 어느 순간에 이르러서는 눈에 띄는 발전 없이 제자리에 머물러 있게 되자, 어떻게 해야 성장할 수 있을까를 한참 고민했다. 뾰족한 방법이 없던 차에 문득 매매일지를 기록하라는 생각이 났다. 나는 예전부터 매매일지에 부정적이었는데 이번에는 밑져야 본전이라는 마음으로 기록을 하기 시작했다. 그러자 확실히 변화가 생겼다. 더욱 확고하게 나의 원칙을 정립할 수 있었다. 빠른 성장을 원한다면 매매일지를 작성하자. 그리고 성공한 일지를 통해 자신감을 회복하자.

2

감정 관리

    흔히 주식은 심리 싸움이라고 표현한다. 우리는 로봇이 아닌 사람이다. 그렇기 때문에 감정의 영향을 받을 수밖에 없다. 감정은 결국 투자 심리에 영향을 미치고 주식 투자의 승패를 결정하게 된다. 그래서 로봇처럼 감정의 동요 없이 평정심을 유지하는 것이 매우 중요하다. 평정심은 고수가 되기 위해 반드시 지녀야 할 덕목 중의 하나다. 수익을 냈다고 해서 너무 좋아할 필요도 없고 손실을 봤다고 해서 너무 좌절할 필요도 없다. 평온한 마음을 지니고 아무 일도 없던 것처럼 똑같이 매일매일의 트레이딩에 임하면 된다.

    사실 말이 쉽다. 본인의 돈으로 매매를 해서 수익이나 손실이 발생했는데 아무런 감정의 동요가 없다는 것은 현실적으로 쉽지 않다. 그러나 그래야만 한다. 그래야 흔들림 없이 꾸준히 수익을 낼 수 있다. 초보와 고수를 한눈에 구별하는 가장 쉬운 방법 중의 하나는 큰 수익과 큰 손실을 어떻게 대하는지다. 큰 수익과 손실을 앞에 두고도 평정심을 유지할 수 있는지에 따라 실력과 내공이 나타난다. 손절이 자유로워야 진짜 고수라고 하는 이유도 바로 이 때문이다.

1) 내일은 내일의 해가 뜬다

일희일비는 문자 그대로 상황에 따라 기뻐했다 슬퍼했다를 반복하는 모습을 뜻한다. 주식시장에서는 수익 나면 좋아하고 손실이면 속상해하는 감정의 기복을 말한다. 앞서 말한 대로 사람이다 보니 감정적으로 흔들리지 않는 것이 쉬운 일은 아니다. 하지만, 트레이더는 일희일비하지 않고 평정심을 유지하도록 노력해야 한다. 주식으로 성공하기 위해서는 그래야 한다.

오늘 하루의 트레이딩에서 손실이 났다고 해서 속상해할 것 없다. 주식을 하다 보면 벌 때도 있고 잃을 때도 있다. 이런 날도 있고 저런 날도 있는 것이다. 한 달에 수억 원을 버는 억대 트레이더라고 해서 전혀 손실이 없는 것은 아니다. 오히려 공격적으로 하기 때문

주식단타로 매일매일 벌어봤어?

에 더 자주 폭탄을 맞기도 한다. 그래도 평정심을 유지하며 매일매일 똑같은 매매를 이어가기 때문에 수익이 손실을 상쇄하며 그렇게 큰돈을 벌 수 있는 것이다.

며칠간 연속해서 손실이 났다고 해서 좌절할 필요 없다. 나머지 기간 동안 그 손실을 상쇄할 수 있는 수익을 만들면 된다. 손실이 발생해도 더 큰 수익으로 그 손실을 상쇄시키는 것이다. 아직은 그럴 실력을 갖추지 못 했다면 더 열심히 공부하면 된다. 실력을 키워서 이 손실의 수십 배, 수천 배의 수익을 내면 된다.

손실 봤다고 해서 속상해하지 말자. 수많은 날 중의 하루일 뿐이다. 내일은 내일의 해가 뜬다. 내일의 수익을 위해 더 노력하면 된다. 그리고 하루하루 충실히 매매를 이어가면서 월 단위로 수익을 쌓아가는 것에 중점을 둬야 한다.

2) 진짜 실력으로 인정받으려면

수익이 났다고 해서 너무 기뻐하지 말고 자만하지 말자. 수익의 기쁨은 잠시 접어두고 우선 이 수익의 본질에 대해 냉정하게 생각부터 해봐야 한다.

'이 수익이 과연 내 실력인가?'

시장이 좋아서 주가가 저절로 오른 것은 아닌지, 아니면 홀짝에 베팅했는데 운 좋게 내 예측과 맞아 떨어져서 수익이 난 것은 아닌지, 아니면 진짜 내 실력인지, 냉정하게 분석해봐야 한다. 2020년은 대한민국의 주식시장 역사상 유례없는 강세장 중의 하나였다. 이때는 분석도 안 하고 주식을 대충 매수해서 방치했어도 수익을 얻을 수 있었다. 이것을 본인의 실력이라고 봐야 할까? 그렇지 않다. 이것은 진짜 실력이 아니다. 운에 의한 수익일 확률이 매우 높다. 한마디로 시장이 만들어준 실력이다. 그래서 2020년은 본인의 실력을 과대평가하기 쉬운 한 해였다.

평상시의 작은 상승구간이나 하락장에서 발생하는 잠깐의 반등 구간에서도 이런 착각은 얼마든지 할 수 있다. 주식을 처음 시작했는데 혹은 시작한지 얼마 안 됐는데 마침 이런 상승·반등 구간이라면 본인의 실력과 무관하게 시장 덕분에 수익을 거둘 수 있다. 이역시 진짜 실력이라기보다는 시장이 만들어준 실력인 것이다.

주식시장에서 그리고 단기 트레이딩에 있어서 가장 중요한 것은 꾸준한 수익을 얻는 것이다. 이것이 진짜 실력이다. 어쩌다 한 번 운에 의해 발생한 수익은 수익이 아니다. 말 그대로 운이 좋았을 뿐이다. 그리고 이렇게 얻은 수익은 결국 다시 주식시장에 반납하게 돼 있다. 주식시장에서 운이 계속 이어질 수는 없기 때문이다.

트레이딩에 처음 입문한 사람들의 최초 목표는 '월 천'이다. 한 달에 일천만 원의 투자 수익을 얻는 것을 뜻한다. 처음에 월 천을 달성하면 대부분의 사람들은 앞으로도 계속 매월 천만 원을 벌 수 있을 거라고 생각하고 이제 억대 연봉자 반열에 올라섰다고 생각한다. 그러나 월 천을 매월 꾸준히 실천하는 것은 생각보다 쉽지 않다. 주식시장과 주가는 매월 똑같이 반복되지 않기 때문이다. 주식시장은 항상 변하고 다양한 돌발 변수가 우리를 기다리고 있다. 따라서 우리의 투자 수익도 항상 일정하다고 보장할 수 없다.

진짜 실력으로 인정받기 위해서는 일정한 투자 수익을 최소 6개월간 꾸준히 만들 수 있어야 한다. 이 6개월은 최소의 기간이다. 최소 6개월간 힘들고 험난한 주식시장을 거치면서 자신만의 방법으로 수익을 꾸준히 만들 수 있어야 한다. 그러면 진짜 실력으로 인정받을 수 있다. 이것은 운이 아닌 진짜 실력이다. 하지만 1, 2개월의 짧은 기간으로는 그 수익이 운인지 아니면 실력인지 판단하기가 어렵다. 일시적인 행운으로 인해 얻은 우연일 수도 있다.

6개월간만이라도 꾸준히 수익을 얻기 위해 매일매일 정진하자. 그리고 그때 가서 축포를 터뜨리자.

3) 큰 손실을 봤다면

손실이 익숙하지 않은 사람들은 손실을 확정 지으며 손절할 경우, 쉽게 이성을 잃게 된다. 손절 금액이 클수록 더욱 더 이성을 잃게 되고 흥분하게 된다. 이성을 잃는다는 이 말의 의미는 직접 손절을 해본 사람만이 알 것이다. 우선 머리가 멍해진다. 마음속에 분노와 같은 기분이 자리 잡기 시작하면서 몸이 달아오르고 슬슬 흥분 상태가 된다. 그리고 뇌는 본전을 회복해야 된다는 생각에 사로잡히게 된다. 이렇게 되면 그 이후에는 정상적인 판단을 못한다. 오로지 손실을 복구해야 된다는 생각만 하게 된다. 그래서 본인의 원칙에 맞지 않는 종목을 사게 되고 충동적으로 뇌동 매매를 하게 된다.

뇌동 매매로 돈을 벌었다면 다행이지만 안타깝게도 주식시장은 그렇게 녹록하지 않다. 뇌동 매매의 99%는 손실로 이어진다. 손실을 만회하러 들어갔다가 또 손실을 본다. 혹 떼러 갔다가 혹을 더 붙여온 셈이다. 따라서 손실로 인해 본인이 이성을 잃었다면 이 같은 뇌동 매매로 인한 추가 손실을 방지하기 위해 잠시 쉬는 게 좋다. 물론 이성을 잃었거나 흥분상태가 됐는지를 깨닫는 것도 매우 중요하다

이성을 되찾는 가장 좋은 방법은 자는 것이다. 내 경험상 잠시라

도 자는 것이 가장 효과적이었다. 안 좋은 기억을 잊을 수 있고 조금이라도 흥분을 줄일 수 있기 때문이다. 장이 열리고 있는 동안일지라도 한숨자면서 흥분을 가라앉힌다. 일어나서는 잠시 밖에 나가 바람을 쐰다. 잠이 안 온다면 밖에 나가서 바람을 쐬거나 식당에 가서 맛있는 음식을 먹으면서 잊으려고 노력한다. 오늘 하루쯤은 매매를 안 해도 된다. 그리고 흥분을 가라앉으면 본인의 트레이딩 원칙에 대해 다시 한번 되새긴다. 어떤 방법으로든 이성을 되찾은 상태에서 다시 HTS 앞에 앉아서 트레이딩을 시작하는 것이 중요하다. 그래도 이성을 못 찾는다면 2~3일 동안 컴퓨터를 켜지 않는 것도 방법이다.

4) 돈에 감정을 부여하지 않는 방법

주식 투자에서 감정이 흔들리는 가장 큰 이유는 돈이라는 것에 특별한 감정을 부여하기 때문이다. 예를 들어서 손실이 100만 원 발생한 경우, 그냥 가볍게 넘기지 않고 이 100만 원에 여러 가지 가치를 부여하며 쓸데없는 감정을 만드는 것이다. 100만 원이면 해외여행을 한 번 다녀올 수 있는데… 이 돈이면 한 달 동안 맛있는 음식 실컷 먹을 수 있는데… 이런 식이다. 문제는 이렇게 돈에 감정을 부여하기 시작하면 여러 가지 많은 문제들이 나타난다는 것이다. 우선, 손절부터 제대로 못 하게 된다. 여기서 손절을 하면 한 번의 해외여행이 순식간에 날아간다고 생각하기 때문에 손절은 엄두도 못 낸다. 머릿속에서 해외여행이 자꾸 떠오르고 있는 동안에 주가는 점점 하락해서 손실은 점점 커진다. 해외여행 한 번의 손실이 어느새 해외여행 두 번의 손실이 돼버린다.

한번 감정이 투여되면 손절을 해서 손실을 확정했더라도 쉽게 잊지 못하게 된다. 이제 이 손실은 100만 원이 아니라 해외여행 한 번이 돼버렸기 때문이다. 이것은 두 가지 문제로 발전할 수 있다. 하나는 손실이 두려워서 주식 매수를 주저하게 만드는 것이다. 그래서 주식을 매수해야 할 때 주식을 매수를 안 하거나 아주 적은 비중만 매수하게 된다. 자신감을 잃은 것이다. 또 다른 문제는 이 손실을 만회하기 위해 뇌동 매매를 하는 것이다. 이것은 방금 위에서 설명한 대로 손실로 인해 이성을 잃는 것과 같은 이야기다.

따라서 주식 계좌에 있는 돈에는 감정을 부여하지 않는 것이 손익의 측면과 정신건강의 측면에서 훨씬 더 좋다. 주식계좌의 잔고는 인터넷 게임의 사이버 머니·포인트라고 생각하는 게 가장 좋다. 잃어도 그만, 벌어도 그만인 포인트일 뿐이다. 그래야 돈에 사사로운 감정을 부여하지 않게 된다.

돈에 감정을 부여하지 않는 또 다른 방법은 금액을 보지 않고 수익률로만 보는 것이다. 사람이라면 누구나 수익금이나 손실액의 크기에 의해 흔들릴 수밖에 없다. 이것은 올바른 판단을 방해한다. 따라서 수익이나 손실의 금액 부분은 가리고 수익률만 나오도록 창을 조절해둬서 수익률로만 판단할 수 있도록 하는 것이 좋다. 그래야 익절할 때 좀 더 높은 수익을 얻을 수 있고 손절도 보다 더 자유로워진다. 실제로 많은 고수분들도 이런 식으로 금액은 가리고 수익률만 보면서 매매를 한다.

5) 비교는 양날의 검이다

다른 사람과의 비교는 주식시장에서 굉장히 큰 역할을 한다. 일상생활에서는 술이 우리의 감정을 증폭시킨다. 술을 마시면 기쁨은 더 커지고 슬픔도 더 커진다. 주식시장에서는 비교가 이 역할을 한다. 비교가 기쁨과 슬픔을 더 크게 만들고 불필요한 욕심마저 갖게 한다.

지수가 상승하면서 많은 종목의 주가가 올라서 마감한 날, 내 계좌가 손실로 마감하면 기분이 더 안 좋다. 다른 사람들은 오늘 다 돈을 벌었는데 나 혼자만 손실 본 것 같은 소외감이 들기 때문이다. 이 소외감이라는 게 주식시장에서는 굉장히 무섭다. 그동안 잘해왔던 나 자신이 갑자기 한심하게 느껴지고 하염없이 무기력해진다. 다 같이 하락했다면 그나마 마음은 편할 것이다. 오늘의 손실이 내 잘못만은 아니라는 위안이 들기 때문이다.

반대로 전체 주식시장이 하락한 날에 내 계좌가 수익으로 마감하면 기분은 훨씬 더 좋다. 하락장에도 수익을 냈다는 생각에 온 세상을 다 가진 것 같은 기분이 든다. 그 어렵다는 주식시장을 이제는 마침내 정복했다는 생각마저 든다.

감정의 동요는 평소에 다른 사람의 계좌를 봐도 쉽게 발생한다. 인간은 감정의 동물이기 때문이다. 나보다 큰 수익을 발생시킨 계좌를 보면 괜히 욕심이 생기고 높은 목표를 세우게 된다. 그리고 다음 날 안 해도 되는 무리를 하게 된다. 특히 나보다 주식 경력이 짧은 사람이 나보다 더 큰 수익을 냈다면 괜한 자격지심에 욕심이 더 생기고 시샘과 질투까지 더해지면서 페이스를 잃게 되는 경우도 굉장히 많다.

잘하는 사람은 그동안 이미 많은 노력을 했기 때문에 잘하는 것이다. 나와 출발점이 다르다. 그런데 나와 그 사람이 어찌 같을 수가 있겠는가. 차근차근 밟아 올라간다는 마음으로 한 걸음 한 걸음 내딛자. 감정에 흔들리지 않고 평정심을 유지하며 꾸준히 내 갈 길을 가는 것이 트레이더로서의 성장에 가장 중요하다. 그러면 나도 모르고 실력이 쌓이고 어느새 잔고가 불어나면서 신계(神階)에 도달할 것이다. 손실을 본 날에는 가급적 다른 사람의 수익 내역이나 잔고는 보지 않고 혼자 조용히 자신만의 매매를 되짚어 보는 것이 자신감을 되찾는 가장 빠른 지름길이다.

물론 비교가 가지고 있는 긍정적인 기능도 있다. 비교를 통해 적당한 자극과 동기부여를 받을 수 있고 이를 통해 한 단계 레벨 업을 할 수도 있다. 매우 훌륭한 동기부여의 수단이다. 하지만 비교는 위에서 본 바와 같이 치명적인 역기능도 가지고 있다. 불필요한 감정을 만드는 가장 큰 주범 중의 하나다. 다른 사람들과 비교를 통해 본인의 현실을 망각하고 불필요한 감정낭비를 하게 한다. 따라서 비교라는 도구를 시기적절하게 잘 활용해서 한 단계 더 성장할 수 있는 발판으로 삼는 것이 필요하다.

3

욕심 관리

　욕심을 조절하고 관리하는 것은 주식 투자에 있어서 매우 중요한 항목 중의 하나다. 주식 투자에서 발생하는 모든 문제의 근원은 바로 이 욕심에서 비롯된다고 해도 과언이 아니다. 그래서 이 욕심 관리는 이번 장에서 설명하는 마인드 컨트롤 다섯 가지 중에서 가장 기본이라고 할 수 있다.

　욕심이 나쁘다는 말이 절대 아니다. 사람은 욕심이 있어야 성장하고 발전할 수 있다. 오히려 욕심이 없는 사람은 정체되고 도태되기 쉽다. 내가 여기서 말하는 것은 지나친 욕심 그리고 쓸데없는 욕심이다. 이 둘로 인해 주식 투자의 손실을 자초하기 쉽다.

1) 많은 사람들이 매월 1일과 말일에 손실 보는 이유

매월 1일이 되면 정말 많은 사람들이 쓸데없는 욕심을 갖는다. 새로운 달의 첫 날이니까 기분 좋게 수익으로 시작하겠다는 것이다. 이 생각이 잘못된 것은 아니다. 문제는 오늘 반드시 수익을 발생시키겠다는 불필요한 욕심으로 인해 굳이 안 해도 되는 매수를 한다는 것이다. 하지만 원칙을 어긴 매수는 실패로 끝날 확률이 높다. 결국 첫날을 수익으로 시작하겠다는 의도가 거꾸로 첫날부터 손실을 맛보게 만든다. 역설적으로 2일 차부터는 이 첫날의 손실을 복구해야 하는 사태가 벌어진다.

설령 굳이 안 해도 되는 매수를 통해 수익을 냈다 할지라도 이것은 올바른 매매가 아니다. 자신과의 싸움에서 진 것이다. 트레이딩의 세계에서는 손실을 봤어도 본인의 원칙을 지켰으면 잘한 매매고, 수익을 냈어도 본인의 원칙을 안 지켰으면 잘못한 매매다. 이런 생각으로 본인의 원칙과 기술을 발전시켜야 한다. 주식시장에서 돈만 벌면 그만이지라는 생각은 주식시장에서 오래 살아남지 못하게 한다.

이와 비슷한 상황은 약 한 달 뒤에 또 다시 벌어진다. 바로 매월 마지막 날이다. 매월 말일 아침만 되면 이상하게 컴퓨터 앞에 앉자마자 '오늘이 이번 달의 마지막 날이니까 수익으로 마감해야지'라는 불필요한 욕심이 또 생긴다. 안타깝게도 결과는 동일하다. 오늘도 수익으로 마감해서 이번 달을 잘 마무리하겠다는 생각이 손절을 못 하게 만든다. 하지만 나의 이런 마음도 모르고 주가는 야속하게 계속 하락한다. 결국 이번 한 달 동안 열심히 모아둔 수익의 상당 부분이 줄어든 다음에야 정신을 차리게 된다.

나도 예전에 이런 경험을 자주 겪었다. 나는 항상 매월 말일이 고비였다. 말일 아침에 지난 한 달간의 매매내역을 돌이켜볼 때마다 꾸준히 수익을 발생시킨 나 스스로가 대견스럽고 뿌듯했다. 그래서 이 날도 기분 좋게 수익으로 마무리하고 싶었다. 하지만 항상 이 생각이 발목을 잡았다. 오늘만큼은 손실을 볼 수 없다는 생각으로 손절을 주저하고 있는 동안에 주가는 계속해서 우하향했다.

재미있는 것은 나만 이런 일을 경험한 것은 아니라는 점이다. 의외로 굉장히 많은 사람들이 이 사사로운 욕심 때문에 월초와 월말에 손실을 본다. 심한 경우에는 월말과 월초에 연속해서 손실을 보면서 자신감을 상실하고 슬럼프에 빠지기도 한다. 연초나 연말도 상황은 비슷하다. 한 해를 마무리하는 날이고 새로운 한 해를 시작하는 날이니까.

특정 요일이나 날짜에 감정을 주입하지 말자. 달력에 표시돼 있는 1년 365일 중의 평범한 하루일 뿐이다.

이와 관련된 나의 에피소드가 하나 떠오른다. 20대 시절에 크리스마스이브를 가족이나 친구도 없이 혼자 보내는 경우가 간혹 있었다. 그때마다 나는 일부러 저녁 9시부터 잠을 청했다. 크리스마스이브에 혼자라고 비관하며 일부러 슬픈 감정을 만들어 궁상떨고 싶지 않았기 때문이다. 크리스마스이브도 사람이 만든 달력에 있는 1년 365일 중의 평범한 하루일 뿐이라고 생각했다. 그리고 다음 날 아침에 매우 개운하게 새로운 하루를 시작했다. 며칠 뒤에 오는 연말 31일에도 저녁 일찍 잠들었다. 그 덕분에 매우 힘차고 활기차게 새해 1월 1일을 맞이했다.

불필요한 감정 낭비할 필요 없다.

2) 백화점·다이소를 만들지 마라

증권회사에서 10년간 근무하면서 상담했던 수많은 고객님들 중에서 나를 가장 놀라게 했던 분은 주식계좌에 무려 30~40종목을 보유하셨던 분이다. 주식 잔고를 출력하면 보통은 1장이면 끝나는

데, 이분은 여러 장이 필요해서 놀랐던 기억이 아직도 남아있다.

무슨 종목들을 이렇게 많이 보유하고 계신지 궁금해서 주식 잔고를 자세히 살펴봤을 때 한 번 더 놀랐다. 수천 원대의 저가 주식들을 소량으로 보유하고 계신 상황이었기 때문이다. 금액으로 따지면 한 종목당 50만 원 이내였다. 이런 식으로 보유한 종목의 수가 30~40개였다.

"왜 이렇게 주식 수가 많으세요?"

안 물어볼 수가 없었다. 고객님의 답변은 주위에서 좋다고 해서 다 사다 보니 그렇게 됐다는 것이었다. 이처럼 보유한 주식의 종류가 많은 주식 잔고를 우스갯소리로 '백화점'이라고 부른다. 천 원대의 저가주들을 많이 보유한 경우에는 '다이소'라고도 한다.

백화점·다이소 주식 계좌로는 큰돈을 벌기가 어렵다. 물론 큰 손실을 볼 확률도 낮다. 적은 비중으로 분산 투자가 돼 있기 때문이다. 하지만 이것은 제대로 된 주식 투자라고 할 수 없다. 실력도 늘지 않는다. 소수의 종목을 집중적으로 연구하고 분석하고, 그 결과를 바탕으로 다시 분석하면서 실력을 쌓아나가야 하는데, 백화점·다이소에서는 종목 수가 워낙 많다보니 이런 과정을 거치기 어렵기 때문이다. 종목 수가 워낙 많아서 어떤 종목을 보유하고 있는지조

주식단타로 **매일매일** 벌어봤어?

차 잊기 십상이다. 그러니 종목에 대한 연구가 제대로 이뤄지기 어려울 수밖에 없다.

백화점·다이소 계좌가 되는 가장 큰 이유는 바로 욕심이다. 주위에서 좋다고 하니까 조금이라도 벌겠다는 생각에 일단 사고 보는 것이다. 하지만 자신의 기준에 맞지 않는 주식은 욕심을 자제하고 매수를 안 하는 게 좋다. 다른 사람의 말만 듣고 수익 욕심에 안 사도 되는 주식을 사는 오류를 범하지 말자. 보유 종목 수의 한도를 정하는 것도 좋은 방법이다.

3) 매수 버튼부터 배우는 게 가장 큰 문제다

나는 주식 투자, 특히 단타를 하면서 많은 것을 배웠다. 그중에서 주식뿐만 아니라 나의 인생 전반에 걸쳐 큰 영향을 끼친 것이 있는데, 그것은 바로 마음을 비우는 것이다. 나는 어떤 분야에서든 마음을 비우고 무리하게 탐내지 않는다. 물 흐르듯이 자연의 섭리를 따르려 한다. 내 것이 되면 좋고 안 되면 그만이다. 내려놓으니 마음이 너무 편하고 오히려 더 잘되는 것 같다.

돈을 벌겠다는 욕심에 나의 원칙에 맞지 않는 종목을 사서 억지로 수익을 내려 하니까 손실만 이어졌다. 하지만 마음을 비우고 나의 원칙에 맞을 때까지 기다리면 어김없이 수익이었다. 이런 상황을 몇 번 겪다 보니 스스로 깨우치게 됐다. 주식 투자에서는 욕심을 버리고 마음을 비워야 한다는 것을.

이후에는 도를 닦는다는 마음으로 차분히 기다렸다. 무리해서 주식을 샀다가 괜한 손해를 입을 필요가 없다. 매수할 종목이 없으면 현금을 보유하고 있으면 된다. 현금은 최고의 주식이다. 항상 보합을 유지하고 있으며 언제든지 교체 매매를 할 수 있고 매매 수수료와 세금도 안 나간다.

원칙에 안 맞으면 안 사겠다는 마음으로 기다려라. 사야 할 때와 안 사야 할 때를 구별할 수 있어야 한다. 그리고 안 사야 될 때는 묵묵히 기다린다. 그리고 주식을 매수해야 할 때도, 사지면 사는 것이고, 안 사지면 말고다. 억지로 무리해서 사지 않는다. 조급해할 필요 없다. 기회는 또 온다. 주식시장이 내일 당장 없어지지 않는다. 주식시장은 인류가 존재하는 한 영원히 열릴 것이다. 그래서 나는 주식 매수를 낚시에 비유한다. 물고기가 미끼를 물지도 않았는데 낚싯대만 백날 들어 올려봐야 허탕이다. 고기가 미끼를 물 때까지 기다렸다가 그때 낚싯대를 힘차게 들어 올리면 된다.

나는 항상 주장한다. 처음 주식을 배우겠다는 사람들이 HTS·MTS의 빨간색 매수 버튼부터 배우는 게 가장 큰 문제라고. 이것은 첫 단추부터 잘못 꿰는 것이다. 가장 먼저 배워야 하는 것은 매수매도 버튼이 아니다. 언제 주식을 사고 팔아야 할지를 공부하고 그때를 기다리는 것이다.

4) 주식과 결혼하면 벌어질 수 있는 일

"주식과 결혼하지 마라."

유명한 주식 격언 중의 하나다. 특정 주식에 대한 깊은 관심과 분석은 분명히 칭찬받아 마땅하다. 그러나 이 말은 단기 트레이더에게는 적합하지 않다. 단타는 단타로 끝내야 한다. 종목을 너무 사랑하게 되면, 단기도 아니고 장기도 아닌 애매한 포지션을 취하게 되고 결말도 애매하게 끝나게 된다.

단기 트레이딩을 목적으로 어느 종목을 매수했는데, 생각과 다르게 주가가 움직이는 경우가 있다. 그러면 남는 시간에 이 회사에 대해 조사와 분석을 하게 된다. 이 과정에서 내가 그동안 몰랐던 이 회사의 숨겨진 가치에 대해 알게 된다.

'이렇게 좋은 회사인데 이걸 몰랐네. 이건 장기 투자해도 되겠는데…'

이때부터는 회사가 다르게 보인다. 회사가 너무 좋아서 단타로 조금만 먹고 나오기에는 아깝다는 생각이 들기 시작한다. 그래서 단타를 목적으로 진입했음에도 불구하고 목표 수익률에 도달해도 매도를 안 하게 된다. 회사가 너무 좋아서 더 큰 수익을 목표로 보유하려 한다. 하지만 주가가 다시 하락하면 '아까 팔 걸' 하고 후회하기 시작한다. 투자의 입장이 불분명해진 것이다. 단기도 아니고 장기도 아닌 상태다. 오로지 큰 수익만 원한다. 너무 좋은 회사라는 것을 알아버렸으니까 주가가 계속 하락해도 손절을 못 한다. '이렇게 좋은 회사니까 언젠가는 다시 올라오겠지'라며 손절을 안 하는 것을 합리화하기 시작한다.

2022년의 대한민국 20대 대통령 선거를 앞두고 주식시장에서는 2021년부터 대통령 선거 후보와 연관된 인맥주들이 움직였다. 나는 그 당시에 우연히 야권의 한 후보와 관련된 종목 하나를 매수하게 됐다. 나는 그 후보에 대해서 아는 게 전혀 없었다. 오히려 그 후보는 나의 정치 성향상 약간 비호감이었다. 단지 그 주가의 흐름이 좋아서 매수를 했을 뿐이었다. 그런데 매수 직후에 주가가 다소 부진했다. 그래서 남는 시간에 그 후보와 지지율에 대해 조사를 하기 시작했다.

1시간쯤 지나자 나의 마음에 변화가 생겼다. 이 후보가 너무 괜찮은 사람이라고 느낀 것이었다. 그동안 살아온 인생 스토리나 후보 공약, 그리고 평소의 정치 활동 등이 매우 인상적이었고 알고 보니 나의 성향에도 매우 잘 맞았다.

'이 사람이 이런 사람이었어? 그동안 왜 몰랐지?'

비호감 이미지가 순식간에 완전 호감으로 바뀌었다. 차기 대통령으로 이 후보가 당선될 확률이 굉장히 높다는 생각마저 들었다.

'그렇다면 주가는 엄청난 상승을 할 텐데?'

이 믿음 때문에 며칠 뒤에 주가가 상승해 목표 수익률을 훨씬 초과했어도 주식을 팔지 않았다. 더 큰 수익을 얻을 수 있다고 생각했기 때문이다. 하지만 주식시장에서 내 맘대로 되는 것은 없다. 갑자기 대형 악재들이 한 번에 터지면서 전 세계 주식시장이 급락했다. 우리 시장도 폭락을 했다. 4일 만에 코스닥 지수가 9% 하락했다. 이 종목 역시 2일 만에 −30%를 기록했다. 하지만 이 후보가 대통령 당선이 될 거라는 혼자만의 생각에 빠진 나는 손절은 꿈도 안 꾸었다.

다행히 이 종목은 매우 빠르게 반등했다. 4일 뒤에 수익률은 다시 +15%가 됐다. 하지만 나는 이번에도 매도를 또 못했다. 여전히 더 큰 수익을 원했기 때문이다. 이 주식이 다시 하락해 수익률이 또다시 (-)로 돌아서자 그제야 정신을 차릴 수 있었다. 운이 좋게 주가는 반등을 했고 이번에는 미련 없이 +7%에 전량 매도했다. 아쉬움이 많은 매매였다. 단기로 접근할 때는 종목을 너무 깊게 분석하지 말자는 교훈을 다시 한번 느꼈다.

주식을 사랑하면 이런 일이 벌어질 수 있다. 아무리 회사가 좋아도 최초에 매수할 때의 본인의 마음을 잊어서는 안 된다. 트레이더라는 사실을 잊지 않고 본인의 포지션을 분명히 해야 한다.

4

위험 관리

위험 관리의 중요성은 주식 투자를 하는 내내 아무리 강조해도 지나치지 않다. 최초에 매수할 종목을 선택하는 순간부터 그 주식을 매도해서 현금을 확보할 때까지, 그 주식을 보유하고 있는 매 순간순간마다 그 주식이 가지고 있는 위험을 최소화하기 위해 노력해야 한다. 다시 한번 강조하지만, 주식은 위험자산이다. 단순히 안전자산과 구별하기 위해서가 아니라 진짜 위험하니까 위험자산이라고 부르는 것이다. 사람들이 생각하는 것처럼 주식은 '돈 복사기'가 아니다. 위험 관리를 잘하면 '돈 복사기'가 되고 위험 관리를 못하면 '돈 파쇄기'가 된다. 소중한 돈을 복사할 건인지 파쇄시킬지는 본인의 손에 달려있다.

'주식은 돈을 벌려고 하는 게 아니라, 잃지 않으려고 하는 거다' 라는 말도 있다. 잃지 않으면 돈은 저절로 벌린다고 한다. 아무리 수익을 잘 내도 위험 관리를 못해서 큰 손실을 입으면 무용지물이다. 그 수익이 한순간에 사라지는 것은 당연하고 그 수익을 얻기 위해 기울인 노력과 시간도 물거품이 되고 만다.

아무리 실력이 좋은 사람이라도 위험 관리를 제대로 못하면 주식 시장을 떠날 수도 있다. 폭락장이 올 때마다 수많은 실력자들이 소리 소문 없이 깡통을 차고 시장을 떠난다는 사실을 잊지 말자.

1) 호재와 악재가 동시에 나왔을 때

주식 투자를 하면서 가장 당혹스러울 때는 보유 종목에 악재가 나왔을 때다. 이럴 때는 어떻게든 비중을 축소하는 게 낫다. 기회를 줄 때마다 비중을 줄여나가야 된다.

악재가 나왔는데도 이상하게 주가가 하락하지 않을 때가 가끔 있다. 내가 기사를 잘못 읽었나? 하는 생각이 들어서 기사를 여러 번 읽어보지만 분명히 악재가 맞다. 그런데 주가는 안 빠지고 버티고 있는 경우가 있다. 이럴 때는 일단 매도를 해서 비중을 줄이고 나서 상황을 살피는 게 낫다. 팔 수 있을 때 팔아서 현금을 확보해야 한다. 지금은 악재가 주가에 반영 안 됐지만 시간이 지난 뒤에 반영되며 급락을 하는 경우도 있기 때문이다.

악재로 인해 큰 폭의 하락을 했지만 기술적 반등으로 인해 주가가 본전 가까이 회복하는 경우도 가끔 발생한다. 이럴 때 사람들은 이제 악재는 다 반영됐고 다시 상승세를 이어갈 것으로 보고 계속 주식을 보유하려 한다. 하지만 위험 관리 차원에서 비중을 축소하는 것이 좋다. 나는 이럴 때 전량 매도하는 편이다.

뉴스가 나왔을 때 가장 애매할 때는 호재와 악재가 동시에 존재할 때다. 호재를 보고 계속 보유를 해야 할지 아니면 악재를 보고 매도를 해야 할지 고민할 수밖에 없다. 대표적인 예가 회사에서 유상증자와 무상증자를 동시에 발표할 때다. 유상증자는 유통 주식 수가 늘어나므로 악재다. 무상증자는 주식을 무상으로 지급하니까 호재다. 이런 경우 어떻게 대응해야 할까?

유상증자와 무상증자의 크기를 비교해서 대응하는 게 이상적이긴 하나 현실적으로 쉽지 않다. 나는 호재보다는 악재에 더 비중을 두고 판단한다. 무상증자라는 호재보다는 유상증자라는 악재에 더 비중을 두고 전량매도하거나 비중을 줄인다. 악재에 민감해지고 호재에 둔감해지는 것이 위험 관리의 시작이다.

2) 당사자도 모르는데 당신이 안다고?

홀짝 매매는 사건의 결과가 성공 아니면 실패, 둘 중의 하나로 귀결되는 이벤트에 베팅하는 것이다. 이 이벤트가 성공하면 주가는 큰 상승을 할 수 있지만 반대로 실패하면 주가는 급락할 가능성이 매우 높다. 한마디로 '모 아니면 도'다. 좀 더 심하게 말하면 도박과 유사하다. 그래서 홀짝 매매를 도박에 빗대어 '바카라 매매'라고 부르기도 한다.

홀짝 매매의 대표적인 이벤트는 다음과 같다.

-선거·투표: 선거 후보의 당선에 따라 관련주들의 등락이 엇갈린다.
-신작 게임·영화: 새로 출시한 게임이나 영화의 흥행 성적에 따라 관련주들의 등락이 엇갈린다.
-임상 실험: 임상 실험 결과에서 유의미한 효과를 보였는지에 따라 해당 기업 주가의 등락이 엇갈린다.
-발사체 발사: 발사 성공에 따라 관련주들의 등락이 엇갈린다.

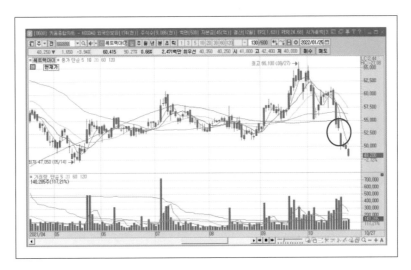

[그림 5-1] 누리호 발사 실패로 하락한 쎄트렉아이

얼마 전인 2021년 10월에 있었던 누리호 발사가 그 예다. 21일 오후 5시에 누리호를 발사했지만, 아쉽게도 3단 엔진의 연소가 조기 종료되면서 궤도 안착에 실패했다. 이 이유로 쎄트렉아이 같은 관련주들이 하락했다. 다행히 큰 실패가 아니어서 주가 하락은 제한적이었다.

하지만 12년 전인 2010년 6월의 나로호 2차 발사에서는 나로호가 발사 2분 만에 폭발했는데, 이 여파로 다음 날 관련주들이 점하한가를 기록하며 주가도 추락했다. 그 이후에도 한동안 하락세를 면치 못했다.

[그림 5-2] 나로호 폭발로 점하한가를 기록한 쎄트렉아이

　반대로, 2013년 1월 30일에 진행된 나로호의 세 번째 시도에서는 목표 궤도 진입에 성공하는 쾌거를 올렸다. 다음 날 관련주들은 상한가를 기록했다. 하지만 아쉽게도 그 이후로 주가는 다시 하락세로 돌아섰다.

　이처럼 홀짝 매매는 성공과 실패에 따라 상한가 혹은 하한가로 직행할 수 있기 때문에 위험한 매매다. 홀짝 매매는 실제로 많은 사람들이 하는 오류 중의 하나다. 자신의 판단대로 결과가 나올 거라고 스스로를 과신하기 때문이다. 하지만 이런 이벤트의 결과는 아무도 알 수 없는 경우가 대부분이다. 해당 분야에 깊게 관여한 당사자들조차도 장담할 수가 없다. 10년이나 준비한 누리호 연구진들조

[그림 5-3] 나로호 발사 성공으로 상한가를 기록한 쎄트렉아이

차 누리호 발사가 성공할지 실패할지는 알지 못한다. 아주 오랜 기간 동안 신약을 개발해온 제약사의 연구진도 그 결과는 알지 못한다. 이번 선거에서 어느 후보가 당선될지는 아무도 알지 못한다. 그런데 인터넷에 떠도는 뉴스와 정보만으로 일반인이 결과를 예측할 수 있을까?

물론 확률은 반반, 50%다. 성공 아니면 실패. 이것만 생각하고 일반인들은 홀짝 매매에 도전한다. 하지만 주식 투자를 이렇게 하는 것은 매우 위험하다. 위험의 크기도 50%라는 뜻이다. 위험 관리를 잘하기 위해서는 이런 홀짝 매매를 최소화하거나 아예 안 해야 한다.

5

비중 관리

주식을 사고파는 것만 잘하면 큰돈을 벌수 있다. 하지만, 실제로 주식을 잘 사고 잘 파는 것은 매우 어려운 일이다. 그 어느 누구도 저점과 고점을 알 수 없기 때문이다. 그래서 필요한 것이 비중 관리다. 사실 이 장에서 설명하고 있는 마인드 관리의 다섯 가지는 여기서 설명하는 비중 조절을 통해 실천할 수 있다.

비중 조절은 주식 계좌에서 특정 종목의 비율 그리고 전체적인 주식과 현금의 비율을 조절하는 것을 뜻한다. 주식 비중을 늘린다는 것은 현금 비율을 낮추고 주식의 비율을 높이는 것이며, 특정 종목에 대한 매수 금액의 크기를 확대한다는 의미다.

시장 상황이 안 좋거나 혹은 종목을 매수할 때 확신이 없다면 비중을 적게 들어가는 게 정답이다. 즉, 적은 수량만 매수하는 것이다. 반면에 강세장이거나 종목을 매수할 때 강한 확신이 든다면 더 많은 수량을 매수한다. 상황에 맞게 유동적으로 매수 금액을 변경함으로써 스스로 수익과 손실의 크기를 조절하는 것이다. 이를 통해 안정적인 계좌 운용이 가능해지고 앞서 말한 실력 관리, 감정 관리, 욕심 관리, 위험 관리를 실천하게 된다. 돈 벌겠다는 욕심에 무작정 덤벼드는 것이 아니다.

그리고 혹시 모를 주식시장에 대비해 항상 일정 부분을 현금으로 보유하고 있는 것이 필요하다. 초보자일수록 주식 계좌에 현금이 있는 것을 안 좋아한다. 현금을 안 남기고 모조리 주식을 사는 경향이 매우 강하다. 그리고는 마치 대단한 일을 이룬 것 마냥 굉장히 뿌듯해한다. 이것은 안 좋은 투자 습관이다. 우리가 왜 주식 투자를 하는지를 잊어서는 안 된다. 주식을 사기 위해 주식을 하는 것이 아니다. 돈을 벌기 위해 주식을 하는 것이다.

1) 하루 만에 계좌 수익률 +23%의 비결

비중 조절을 해야 하는 이유는 불확실성으로 가득 찬 주식시장에서 합리적이고 효과적으로 대응하기 위해서다. 2020년 3월에 전 세계를 강타한 코로나 바이러스로 인해 글로벌 주식시장이 폭락했다. 3월 한 달간 미국의 다우지수는 약 30% 하락했고 우리 코스피도 마찬가지로 30%나 급락했다. 하지만 이 폭락은 매수 기회였다. 앞의 2장에서 이날 엔벨로프는 삼성전자에 대한 매수 신호를 보내고 있었다고 설명했다. 스마트 머니들은 이미 매수를 진행하고 있었다.

그런데 주식 투자를 이미 하고 있던 다른 사람들은 왜 이때 매수를 못했을까? 추가 하락에 대한 공포 때문일까?

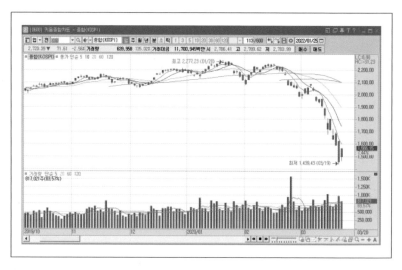

[그림 5-4] 코로나 바이러스로 폭락한 코스피 일봉

주식 투자를 어느 정도 해온 사람이라면 그날 매수를 해야 한다는 생각은 다들 했을 것이다. 하지만 그러지 못한 가장 큰 이유는 십중팔구 하나다. 바로 현금이 없었기 때문이다. 이미 주식을 다 사 버린 데다 고점에 물려있어서 주식을 살 돈이 더 이상 없었다. 그래서 그런 황금 같은 기회를 놓쳐 버린 것이다.

반면에 나는 그 당시에 현금을 굉장히 많이 보유하고 있었다. 항상 비중 조절을 하기 때문이다. 코로나 바이러스로 인해 전 세계의 주식시장은 물론이고 코스피 지수와 코스닥 지수가 사상 최고로 폭락하며 마감한 2020년 3월 19일, 나는 보유하고 있던 현금 전부는 물론이고 풀미수까지 써가며 주식을 매수했다. 내가 여태껏 주식 투자를 해오면서 그렇게 많이 주식을 산 적은 처음이었다. 장을 마치고는 '오늘 오버한 게 아닌가' 하는 생각마저 들었다. 그런데 이상하게도 마음이 편했다. 아무 근거도 없이 자신이 있었다. 한편으로는 이런 대폭락장에서 풀미수까지 써가며 주식을 많이 사놓고도 마음이 편한 나를 보면서 '내가 드디어 진짜 미친 게 아닌가' 하는 생각도 들었다.

다음 날 시장은 반등을 했다. 나는 정말 조금의 과장도 없이 말 그대로 정신없이 주식을 팔았다. 주식 잔고를 일일이 확인할 겨를도 없었다. 잔고에 빨간불이 들어온 종목들은 정신없이 매도 버튼을 눌렀다. 그럴 수밖에 없던 것이, 전날 주식을 워낙 많이 사둔 데다가 풀미수로 매수했기 때문에 이날 정리를 해야만 했다. 매도를 끝낸 이후에는 아무런 매매도 하지 않았다. 시장만 지켜봤다.

이날 하루 얻은 수익률만 22.94%. 이것이 비중 조절의 힘이다.

이와 비슷한 일은 폭락장이 아닌 평소에도 비일비재하다. 내가 아무리 좋은 종목을 추천해줘도 많은 사람들의 답변은 비슷하다.

"돈이 없어. 주식에 물려서…"

비중 관리에 실패했다는 의미다. 현금의 중요성은 아무리 강조해도 지나치지 않다.

2) 종목과 타이밍보다 ○○○이 더 중요하다

포트폴리오 투자를 할 때 아래의 세 가지 중에서 가장 중요한 것은 무엇일까?

① 종목 선정 ② 타이밍 ③ 자산 배분

아마 대부분이 1번과 2번을 꼽을 것이다. 일반적으로 사람들은 종목 선정과 타이밍이 가장 중요하다고 생각한다.

미국의 금융전문가 게리 브린슨은 1974년부터 1983년 사이의 대규모 연기금 91개의 수익률을 연구했다. 종목 선정(Stock Picking), 시장 타이밍(Market Timing), 자산 배분(Asset Allocation)의 3개 항목 중에서 어느 항목이 수익률에 가장 큰 영향을 미치는가를 알기 위해서였다. 하지만 그는 너무나도 뜻밖의 연구 결과를 1991년도에 발표했다. 그의 논문 〈자산 포트폴리오의 수익 결정 요인〉에 따르면 투자 성과를 좌우하는 가장 중요한 요인은 자산 배분이었다. 자산 배분은 포트폴리오의 수익률에 91.5%의 영향을 미치는 것으로 나타났다. 반면에 종목 선정과 시장 타이밍은 각각 4.6%, 1.8%에 불과했다. 실질적으로 자산 배분이 전부라는 의미다.

자산 배분은 투자 자금을 주식, 채권, 금, 현금 등의 다양한 자산으로 분산 투자하는 것을 뜻한다. 시장 상황에 맞게 각 자산들의 투자 비중을 조절하는 방식으로 위험을 줄이고 안정적인 운용을 하기 위해서다. 보통은 고가권에 있는 자산의 비중을 줄이고 저가권에 있는 자산의 비중을 늘린다. 또는 시장 상황에 따라 현금이나 금과 같은 안전자산의 비중을 확대한다.

주식 트레이딩에서도 자산 배분은 역시 중요하다. 트레이딩에서의 자산 배분은 주식과 현금으로의 배분을 뜻한다. 흔히 말하는 비중 조절과 같은 개념이다. 아무리 고수라도 주식 계좌에 있는 모든 현금을 풀베팅하지 않는다. 예외적인 상황에 대비해 반드시 일정 부분은 현금으로 남긴다.

디지털 노마드(Digital Nomad)[1]에 대한 동경과 플랫폼 비즈니스의 증가 그리고 나날이 발달하는 스마트 디바이스들로 인해 1인 기업이 급증하고 있다. 어려운 취업 대신 창업을 선택하는 청년층이 많아지는 것도 그 이유라 할 수 있을 것이다. 1인 기업 형태의 디지털 노마드에 대한 동경은 우리 사회에 오래 전부터 있어왔다. 나 역시도 이러한 삶을 추구한다.

1인 기업의 형태는 매우 다양하다. 프로그래밍, 아마존 셀러 등의 유통, 전자책 판매, 지식 서비스 등등. 이 중에서 내가 생각하는

---

1   스마트폰이나 노트북만으로 일을 하며 시간과 장소에 구애받지 않고 자유롭게 떠돌면서 생활하는 것을 의미

최고의 1인 기업 그리고 최고의 디지털 노마드는 단연 주식 투자다. 주식 투자는 일반적으로 1인 기업을 영위하기 위해 필요한 홍보, 주문, 응답, 결제, 생산, 배송, 후기 관리 등의 어떤 단계도 거치지 않는다. 다른 사람들과의 교류 자체가 불필요하기 때문이다. 주식 투자는 오직 인터넷 연결, 이 하나만 있으면 된다. 그러면 컴퓨터 앞에서 마우스를 클릭하는 것만으로도 엄청난 수익을 창출할 수 있다.

게다가 주식 투자의 장점은 일반적인 1인 기업이 가지고 있는 장점들의 크기보다 훨씬 더 크다. 인터넷이 제대로 연결돼 있다면 공간적 제한이 전혀 없다. 지구상 어디에서라도 가능하다. 화면을 볼 수 있는 시력과 마우스를 클릭할 힘만 있다면 누구나 할 수 있기 때문에 신체적인 제한으로부터도 자유롭다. 주식시장이 열리는 시간에만 일을 하니까 시간적인 제한 역시 매우 적다. 오히려 시간이 남아돈다고 할 정도로 너무나도 자유롭다. 나이 제한이 없기 때문에 정년 따위는 남의 얘기다. 수익금 역시 비교할 바가 아니다. 한 달에 순수익으로 수천만 원, 수억 원을 벌 수 있는 1인 기업이 과연 얼마나 될까?

그래서 나는 주식 투자에서의 성공을 내 삶의 최고 목표로 삼았고 지금까지 주식에 미쳐서 살아왔다. 물론 앞으로도 그럴 것이다. 나는 항상 말한다. 최고의 직업은 주식 투자이고, 최고의 1인 기업

역시 주식 투자라고. 주식 투자는 나에게 있어서 황금알을 낳는 거위다.

    사람들은 다양한 분야에서 일을 한다. 그리고 그 분야에서 성공하기 위해 엄청난 노력과 시간을 쏟아붓는다. 이때 우리가 간과해서는 안 될 것이 하나 있다. 해당 분야에서 성공하기 위해 본인이 가진 역량을 최대한 투입한다고 가정할 때, 어느 분야에서 일을 하느냐에 따라 그 결과치는 분명히 다르다는 것이다. 쉽게 표현하자면, 사장이 되는 것을 목표로 하고 똑같이 열심히 일을 하더라도 매출이 1,000억인 회사의 사장과 매출이 100억 회사에서의 사장은 급여가 엄연히 다르다는 것이다.

    똑같이 열심히 일할 거라면 결과치가 높은 곳에서 열심히 하는 게 합리적인 선택이다. 어느 분야에서 일을 하더라도 최선을 다해 열심히 할 거라면 결과물이 가장 큰 분야에서 노력을 하는 것이 효율적이다. 나는 결과물이 가장 큰 분야를 주식 투자로 결정했다. 다른 분야에서의 일은 현실적으로 급여의 상한선이 존재하지만, 주식 투자는 그렇지 않다. 한 달 수익이 수억 원, 수십억 원에 이르는 억대 트레이더들도 상당수 존재한다.

    물론 국내 1, 2위 대기업의 임원이 되면 상상을 초월한 연봉을 받는다. 하지만 이것은 달성하는 것조차 매우 어렵고 또 달성하기 위해 나의 많은 것을 포기해야 하기 때문에 일찌감치 배제시켰다. 결과물도 중요하지만 그 결과를 얻기 위한 과정도 중요하다.

주식 투자에서 성공한 사람은 자기계발에서도 성공한 사람이다. 주식 투자는, 특히 단기 트레이딩은 매일매일 그리고 매 순간순간 자기 자신과의 싸움이 끊임없이 이어진다. 탐욕과 공포 사이를 오가며 매수·매도를 실행하기 위한 고민과 판단을 쉴 새 없이 해야 한다. 그리고 2천 개가 넘는 종목 중에서 자신에게 맞는 종목을 선정하고 올바른 매수 타이밍이 올 때까지 기다려야 한다. 이 모든 것을 대신해줄 수 있는 사람은 없다. 오직 본인 스스로 해야 한다. 하지만 컴퓨터 앞에만 앉으면 빨리 돈을 벌고 싶다는 마음에 매수·매도 버튼을 클릭하고 싶은 충동이 계속 일어난다. 자기 자신을 잘 통제해서 이 충동을 극복하면 주식 투자에서 성공하는 것이고 그렇지 않으면 실패한다. 결국 주식 투자는 자기 자신과의 싸움이라고 해도 과언이 아니다. 그래서 나는 주식 투자를 도를 닦는 일과 같다고 표현하기도 한다.

사실 주식 투자에서 성공한 사람은 정말 대단한 사람이다. 99%가 실패하고 1%만 성공한다는 주식시장에서 살아남았다는 것만으로 단순하게 치부하기에는 터무니없이 부족하다. 계속되는 좌절감

(이 좌절감은 느껴본 사람만이 안다)과 경제적인 어려움 그리고 주위의 따가운 시선. 이 세 가지를 수년간 동시에 겪으면서도 성공하겠다는 신념 하나로 계속 일어났기 때문에 이룰 수 있는 결과다. 처음부터 잘된 사람은 아무도 없다. 주식을 포기하고 안정적인 직장을 갖고 싶은 마음을 스스로 극복하며 자신과의 싸움에서 이겼기 때문에 달성한 것이다.

결론적으로 열심히 공부하고 자기 자신을 잘 통제할 수 있다면 그 어느 분야보다 큰 성공을 거둘 수 있는 곳이 주식시장이다. 노력에 대한 효율의 관점에서 봤을 때, 동일한 노력으로 최대의 결과를 얻을 수 있는 곳이 주식시장이다. 게다가 공간적, 시간적, 신체적인 자유도 얻을 수 있다. 다시 한번 강조하지만, 최고의 자기계발과 최고의 1인 기업, 그리고 최고의 디지털 노마드는 주식 투자다.

그래서 나는 주식 투자를 사랑한다. 이 하나에 나의 모든 것을 걸고 여기까지 달려왔다. 그리고 앞으로도 더 높은 곳을 향해 계속 달릴 것이다.

여러분들도 주식 투자를 통해 새로운 희망을 얻기를 바라며, 이 원고를 마친다.